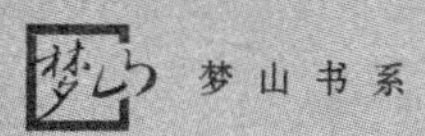
梦山书系

U0477891

新理念教学丛书

故事教学的规则与方式

刘海涛　王林发 / 主编　　刘天平　蔡美静　王林发 / 编著

海峡出版发行集团 THE STRAITS PUBLISHING & DISTRIBUTING GROUP | 福建教育出版社

图书在版编目（CIP）数据

故事教学的规则与方式/刘天平，蔡美静，王林发编著.
—福州：福建教育出版社，2016.9
（新理念教学丛书/刘海涛，王林发主编）
ISBN 978-7-5334-7286-3

Ⅰ.①故…　Ⅱ.①刘…　②蔡…　③王…　Ⅲ.①中小学
—教学研究　Ⅳ.①G632.0

中国版本图书馆 CIP 数据核字（2016）第 147168 号

新理念教学丛书
刘海涛　王林发　主编
Gushi Jiaoxue De Guize Yu Fangshi
故事教学的规则与方式
刘天平　蔡美静　王林发　编著

出版发行　海峡出版发行集团
福建教育出版社
（福州市梦山路 27 号　邮编：350001　网址：www.fep.com.cn
编辑部电话：0591—83727542
发行部电话：0591—83721876　87115073　010—62027445）
出 版 人　黄　旭
印　　刷　福州泰岳印刷广告有限公司
（福州市鼓楼区白龙路 5 号　邮编：350003）
开　　本　720 毫米×1000 毫米　1/16
印　　张　13.25
字　　数　182 千字
插　　页　2
版　　次　2016 年 9 月第 1 版　　2016 年 9 月第 1 次印刷
书　　号　ISBN 978-7-5334-7286-3
定　　价　29.00 元

如发现本书印装质量问题，请向本社出版科（电话：0591—83726019）调换。

梦山

梦 山 书 系

“梦山”位于福州城西，与西湖书院、林则徐读书处“桂斋”连襟相依，梦山沉稳、西湖灵动、桂斋儒雅。梦山集山水之气韵，得人文之雅操。福建教育出版社正坐落于西湖之畔、梦山之下，集五十余年梓行之内蕴，以“立足教育、服务社会、开智启蒙、惠泽生命”为宗旨，将教育类读物出版作为肩上重任之一，教育类读物自具一格，理论读物品韵秀出，教师专业成长读物春风化雨。

“梦”是理想、是希望，所谓“梦想成真”；“山”是丰碑，是名山事业。“积土成山，风雨兴焉”，我们希望通过点点滴滴的辛勤积累，能矗起教育的高山；希望有志于教育的专家、学者能鼓荡起教育改革的风雨。

“梦山书系”力图集教育研究之菁华，成就教育的名山事业之梦。

"新理念教学丛书"编委会

主　任　罗海鸥

副主任　刘海涛

委　员（以姓氏笔画为序）

王林发　刘天平　刘海涛　关敏华　豆海湛　宋佳敏　范兆雄

范雪贞　罗海鸥　郭雪莹　符蕉枫　程可拉　蔡美静

●广东省普通高校人文社科重点研究基地“粤西教师教育研究中心”资助项目

●广东省协同创新平台“粤台教师教育协同创新发展中心”资助项目

●教育部地方高校第一批本科专业综合改革试点“小学教育”资助项目

●广东省创新强校工程“地方高师院校教、研、创‘三力型’小学卓越教师培养模式的探索与实践”资助项目

目　录

导论

故事教学的基本面貌

故事教学，是指在教学过程中教师根据教学目标通过故事来完成教学任务的一种教学活动。故事一般精准简明，用来说明教学内容、强调所指问题，或者激发学生兴趣、启发学生思考。有学者认为，“故事教学是以故事的眼光看教学，它不是指叙事研究或个案研究中教师的教学故事，而是教师在教学中把讲故事作为一种具体操作的方法来实施教学，增强教学的趣味性、文学性，更好地完成教学任务。同时，通过讲故事激活课堂，并由故事本身渗透出的教育价值，以及教师在讲故事过程中所渗透出的内在世界，丰富学生的精神世界，提升学生的人文精神。”故事教学既是一种教学方法，也是一种教学模式，二者虽然切入点略有不同，但都是旨在调动师生参与教学的积极性，提高学生学习的兴趣，从而提高教学效率。

根据故事内容，故事教学大致可以分为童话故事教学、英雄故事教学、推理故事教学、生活故事教学、科幻故事教学和神话故事教学等。故事教学包含丰富多彩的故事题材，教师紧密结合教学内容选取恰切的故事实施教学，可以提高学生参与教学的主动性，激发学生学习的热情，改变“满堂灌”教学所导致的沉闷、僵化的局面。

第一节　来龙去脉：故事教学的发展轨迹

一、故事教学的前世今生

至今广泛流传于民间的“说故事”是故事教学的原态，这种故事讲述活动的服务对象一般是成人。近现代，这种活动应用于教育，这就生发了当前的故事教学探究和实践。

（一）故事教学的历史

在文字出现之前，说故事的活动往往是口耳相传的，说故事的目的，除了娱乐，还包含表达赞美、分享、教育等。

我国有组织地说故事活动很早就有，在周朝就有称为“说正事”的活动，说故事的对象是怀孕的贵妇。到唐代有了更多元的发展，由于佛教的盛行，僧侣运用讲故事的途径将佛教介绍给民众。到了宋代，城市娱乐兴盛，说故事成为市民最喜欢的娱乐活动之一，甚至称之为一种职业，有专职说故事的人在固定的场所向市民讲故事。这些说书人无论在故事情节的编排设计、讲述方式、与听众互动的技巧上都极为用心，而说书人本身的阅历、人生经验及相关学识涵养也比以往更高。他们讲述故事的艺术魅力达到了动人心魄、移人性情的境界。元明时期，由于统治者不希望民众借由说书活动助长民族意识或是增加知识见闻，说书活动遭受严重打压。到了清朝，国家兴盛，社会繁荣，说书活动才又广为兴盛。此时，南方民众偏爱长篇形式的历史故事，称为“大书”，北方民众的喜好分为属于历史故事的“大书”和属于讲述神话故事的“演义”。[①]

---

① 吴靖国，魏韶洁．从听故事的心理反应谈故事教学之原则［J］．教育科学期刊，2007，(1)：15－35．

故事在学校教育中最初的应用主要不是与教学相结合，而是作为一种教育公益活动而存在，旨在传递文化并丰富学生的课余生活。有研究表明，故事与教育结合是从幼儿园开始的。1837 年，幼儿园的创始者福禄贝尔（F. Froebel）将“说故事”引入幼儿园的课程，这是故事与教学结合的萌芽。①

到近代，故事才开始应用于教学过程中，并逐步经历从零散随意到有意设计再到系统融合的过程。在传统的教学过程中，故事从来都不是主角。最初，故事在教学过程中的出现只是教师偶尔为之的事情，表现为教师教学过程中的即兴发挥，或者帮助教师表达某个观点。教师讲到一段，联想起了某个故事，于是和学生说。这种情形的故事使用更多地服务于教师自身言说的连贯性、流畅性和趣味性，对于学生的关照比较少。随着故事趣味性、意义承载的情景性共享等特征的发现，故事在教学过程中的应用得到了拓展，但也往往零散地存在于教学过程中的新课导入、概念解释、情景条件陈设等，鲜有系统的探究与实践。在这个阶段，故事教学就是在教学过程中说故事，故事的应用很狭隘，工具性地依附于知识、概念学习，难以发挥故事的魅力并实现有效教学。随着叙事学对故事体文学研究的深入，以及故事在教学过程中应用的教育实验的开展，故事的特质及其应用于不同情景中的教育价值得到了彰显，教育研究者和实践者利用故事开发了不同的教学模式，如抛锚式教学模式、案例教学法等。但这些研究往往借助了故事的形式，对于故事的特质的开发还不充分。为了充分开发故事在教学过程中的使用价值，研究者借鉴各领域的相关研究成果（如叙事学等），试图把故事与教学融合，这就有了当前的叙事课程和教学过程故事化研究的尝试。

---

① 吴靖国，魏韶洁. 从听故事的心理反应谈故事教学之原则［J］. 教育科学期刊，2007，(1)：15—35.

(二) 故事教学的现状

1. 国外的故事教学。

故事是信息传播的载体，包含着丰富的信息和观点。1921 年，哈佛商学院出版第一本案例集，用故事来揭示复杂商业问题的真相，并将其带入了课堂。20 世纪 70 年代，美国宾夕法尼亚州伯林莫尔（Bryn Mawr）大学俄语系的教授 Rudy Lentulay 采用“三文治故事教学法”教幼儿园的孩子学习俄语口语，并取得了巨大的成功。英国专家 Ray Tongue 曾长期在新加坡、香港、印尼等地从事教育工作，他采用“三文治故事教学法”教英国人学习阅读印尼语，也收到较好的效果。

在英国，许多教师在语言教学方面通常采用故事教学法。英国教育家 Andrew Wright 说：“故事在我们孩子的生活中尤其重要，故事有助于孩子理解他们的世界，并同他人分享。”①

在新加坡的依布拉欣小学，教师陈秋霖把源自于英国的“故事线教学”(Storyline Teaching Method) 应用在华文教学上，她首先把学生分为几个小组，虚拟为不同家庭的成员，利用这些关系展开一个个故事，通过学生叙述、书写、讨论和小组呈现的方式完成语文学习，效果很好。

从上述事例发现，“故事教学法”在国外基本用在语言教学方面，由于它符合儿童的心理特征，寓教于乐，因而取得了良好的教学成效，被广泛应用。当然，随着故事教学价值的不断被发现，故事教学法也不断被应用于科学、政治等非语言类教学方面，不仅学校教学广泛运用故事教学法，各种培训机构在培训活动中也比较喜欢运用故事教学法。

2. 国内的故事教学。

在我国，故事教学法源自国外的“三文治故事教学法”，最初主要应用于

---

① 陈如丽. 浅谈“故事教学法”[J]. 中小学英语教学与研究，2004，(7)：41—44.

儿童或小学英语教学中，并取得良好的教学效果。后来，故事教学法逐渐被广泛运用于各学科各领域的教育、教学，关于故事教学模式、故事教学方法的研究也逐渐增多。

二、故事教学的基本含义

故事教学，是教师在教学过程中依据所讲授的课程内容，通过相关的故事以说明注解强调所讲内容，或以故事贯联教学内容，吸引学生注意，激发学生兴趣，启发学生思考，以实现教学目标的一种深入浅出、化繁为简、寓教于乐、喜闻乐见的教学方法。

故事教学与早期的教育理论如发现学习、建构主义等具有密切的关系。教师用最贴切最生动的故事引出实用理论，由故事本身蕴藏的教育价值以及教师在讲故事过程中所渗透出的故事背后的理论知识，引导学生去联想、去思考，促使他们主动地建构知识，提高学生的自主学习的能力。

（一）故事教学中的相关概念

1. 引言。

是指一个故事的开头语，它不是故事的内容，但与故事的内容相关联，目的是提起兴趣和引入主题。

2. 情节。

是指由时间、地点、事件、主要人物、情节演变等构成，情节是故事中心内容，内容往往是几个主要人物形成，主要人物是指问题发生在谁身上，谁就是主角，解决这问题的人也是主要人物，当问题解决，那个地方是高潮。

3. 高潮。

指问题得到了解决的部分。解决问题，既是教学目标的达成，又是教学内容的拓展，让学生始终保持积极的学习态势。

4. 结尾。

指故事进入了高潮后，逐步呈现结局，并引出“弦外音”的阶段。“弦外音”往往就是与教学内容密切关联的部分，它是将故事与教学内容衔接的桥梁，使教学内容变得生动形象。

（二）故事中可用的教学元素

1. 把故事作为教学工具。

把故事当成辅助工具的故事教学，分为两种情况：一种是零散利用故事的故事教学，故事是引发学生兴趣，帮助学生理解和记忆知识的工具；另一种是把故事当成教学活动的背景，或者问题生发点的故事教学。

2. 把故事作为教学内容。

故事是教学内容，是衍生教学活动的起点，而故事教学就是把故事作为教学活动的素材，并根据需要设计多样化拓展活动的教学方式。

3. 把故事作为教学情景。

利用故事的本质内涵，主张把教学过程设计成一个故事，强调学生对故事的情节感知、角色体验、立意思考和生活迁移。

第二节　兴趣之舟：故事教学的神奇功效

“故事是经由时间顺序和因果逻辑统整联系的事件，是人存在和反思、体验世界的一种重要方式，与人的心理活动过程和心理体验有较大的适应性。”① 把故事应用于教学活动中，能够引发学生探索故事发展脉络及其原因的好奇心，从而思考故事所蕴藏内涵的价值和意义，并形成个体独特的思考、行为的方式和视角。故事是孩子的第一需要。生动、有趣的故事最能唤起学生的学习兴趣。苏霍姆林斯基曾说“教师如果不想方设法使学生产生情绪高昂和

① 洪晓箐. 说故事研究 [D]. 台东：“国立”台东师范学院儿童文学研究所，2001：95.

智力振奋的内心状态，而只是不动感情的脑力劳动，就会带来疲倦”。在课堂上运用故事教学无疑是一种能使学生产生高昂情绪的好办法。故事用于导课，可以激发学生的学习兴趣，犹如电影的序幕，开始就燃起学生的好奇心、引起学生的求知欲；用于过渡，机智转换。轻松的语言和形式可以紧扣学生的心弦，将学生带入知识的新天地。

一、 激发学生学习兴趣

我国古代教育家朱熹说过“教人未见乐趣，必不乐学”。兴趣是最好的老师，兴趣是最好的求知，兴趣是学生主动学习、积极思维的最有效的原动力。而故事教学能有效激发学生的学习兴趣和求知欲望。

（一）导入新课，故事激趣

导入新课是课堂教学的首要环节，巧妙地导入新课是学生产生兴趣的前提，它可以使学生刚上课就在认识上、情感上和意志上高度集中，对本节课产生浓厚的兴趣。运用故事导入新课，从故事中引发问题，启发思考，制造悬念，吸引学生注意，可以使学生的心理处于一种猜想、期待的最佳学习状态，激发学生的学习兴趣。某教师教授《自我负责》一课时，用“打碎玻璃自已赔”的故事导入新课：一个12岁的少年，在院子里踢足球时不小心把邻居家的玻璃打碎，邻居要求他按价赔付125美元。当时是1920年，125美元能买125只鸡。他回到家，父亲问明原因后跟他说，自己打碎的就得自已赔。因为孩子当时没有钱，于是父亲就先借给他125美元，并约定一年后还。在接下来的一年里，这个孩子靠擦皮鞋、送报纸挣钱，终于把125美元还给了父亲。后来他成为美国政坛叱咤风云的人物，他就是美国历史上的名总统里根。这个故事告诉了我们什么道理呢？[1] 学生通过思考，明白做人要负责任，

---

① 黄得南．在思想品德教学中妙用故事［J］．中学教学参考（下旬），2012，（8）：48.

从而自然地引入该课的学习主题。毫无疑问，故事导入能激发学生的兴趣，吸引学生的注意力，引出教学的主题，使学生快速进入学习状态。

（二）教学新知识，故事生趣

传授新知识是课堂教学的中心环节，教师如果不注意讲授艺术，只是照本宣科或是使用一个模式教学，学生往往会感到枯燥乏味，提不起学习兴趣。若我们在传授新知识时适当地加入一点故事佐料，通过生动形象的故事渗透一些所要传授的知识，教学过程就会生动活泼，趣味盎然，学生就会把学习当成乐事，全身心地投入到教学活动中，学得积极、主动。例如，某教师教授初中化学“燃烧和缓慢氧化”这一部分内容时，引入英国战舰“欧罗巴”号失火事件，采取边讲故事边传授知识的方法进行趣味教学。1854 年 5 月 30 日，英国战舰“欧罗巴”号按照作战命令开始了远涉重洋的远航，它的船舱里结结实实地装满了供战马吃的草料。两个多月后，船舱突然冒出熊熊大火，大火迅速吞没了整艘战舰，片刻之间战舰便葬身海底，全舰官兵、战马无一生还。事后化学家们根据英国军事保安部门提供的材料，准确地找到了“纵火犯”——草料。草料怎么成了“纵火犯”呢？化学家是这样解释的：草料会和空气中的氧气发生氧化反应，这种氧化反应进行得很缓慢，不像燃烧那样剧烈地发光发热，叫缓慢氧化。常见的铁生锈也是一种缓慢氧化。物质在缓慢氧化的过程里也产生热，不过放热速度很慢，平时觉察不出来。由于“欧罗巴”号船舱里堆放的草料太多太实，空气不流通，缓慢氧化产生的热量不易散发，越积越多，温度逐渐升高，达到了草料的着火点（着火点是指物质着火燃烧所需要的最低温度）。而可燃物燃烧，只需要具备两个条件，一是跟氧气接触，二是温度达到着火点，因为这两个条件都具备，所以草料不经点燃，便自行燃烧起来（这种由于缓慢氧化而引起的燃烧，叫自燃）。① 这样

① 刘冬明．故事教学法在化学教学中的运用［J］．学生之友，2012，（3）：34．

教学，教师把该课所要掌握的“着火点”“缓慢氧化”“自燃”等主要概念都融于津津有味的故事中进行传授，使学生在兴致勃勃地听故事的过程中，不知不觉地学到知识。

二、引发学生积极思考

（一）故事诱发学生的好奇心

教师应该诱发学生对问题的好奇心，有些问题可能难以引起学生探究的欲望，但如果能充分利用好故事，以充满悬念、令人深思的故事引导学生，如上文中的英国战舰“欧罗巴”为什么会起火自燃，就诱发巧妙，使学生有探究的“冲动”。当然，要做到这点，就要精心选择情节曲折、引人入胜的故事，甚至可以进行故事扮演。

（二）故事激发学生的求知欲

在语文教学中，对于作品作者的介绍，特别是著名作家的介绍，是一个不可缺少的环节。向学生介绍一个作家，就是介绍一位新朋友，务必要引发学生对这位新朋友的关注，进而去关注、阅读他的作品，从而丰富学生的阅读体验，开阔学生的阅读视野，扩大学生的知识面，有四两拨千斤的效果。例如，笔者在介绍莫泊桑时，介绍了他的代表作《羊脂球》；学习《林教头风雪山神庙》时，根据课文的需要，介绍了《水浒传》的序言和高俅发迹等与课文有关的故事；介绍巴金时，讲述了《爱情三部曲》的故事梗概。这些故事，有效地激发了学生强烈的求知欲望，大部分学生课后都到校图书馆去借阅了相关书籍。这样，大量的阅读既丰富了他们的课余生活，又提高了他们的文学鉴赏水平，更培育了他们学习语文的热情。

（三）故事激活学生的思维

中考、高考的复习课，复习方法的套路化与解题指导的模式化往往导致学生的思维呆板僵化，出现思考惰性。而在复习课中若能适时引进切题的故事，以事引思，就能激活学生的思维和思考。例如，在进行修改病句的基本训练中，教师发现学生往往会感到无所适从，要么改变句子的原意，要么该改的不改，不该改的倒改了，于是临场编了一个故事：小强感冒了，去医院看病，医生看了看小强说："你的眼睛太小了，给你拉个双眼皮吧，哎呀，皮肤也有点黑……"话还没说完，他们便笑倒了，教师趁势问他们笑什么？有学生说小强明明是去看感冒的，就该开点感冒药，怎么给他做美容了？这时，教师引导学生明白：修改病句就像给人看病一样，有错必改，无错不改。

三、 活跃课堂教学氛围

（一）沟通感情，激发情绪

捷克教育家夸美纽斯认为，"求知与求学的欲望应该采用一切可能的方式去在孩子们身上激发起来。"学生喜欢听故事，因而故事教学使学生的情绪处于兴奋状态，更好地投入到学习中。学生感到倦怠或注意力分散也是经常出现的现象，这时更需要结合授课内容绘声绘色地讲述一些有趣的故事来激发学生的有意注意，以帮助他们集中注意力。

（二）愉悦情绪，活跃课堂

讲故事能为学生创建轻松活泼的学习氛围，缓解学生学习压力，愉悦学生情绪，使课堂有趣而活跃。无数的事例证明在对任何知识的学习或者技能的掌握过程中，浓厚的学习兴趣往往能让学习达到事半功倍的效果。故事化的课堂恰恰能快速调动教学气氛，营造轻松愉悦的课堂学习氛围，很好地诱发学生的学习兴趣。教师在课堂教学中适时引用故事，就犹如同一线罅隙中奔涌而出的一股清泉，悄然沁入学生心田，让学生心灵为之震撼，引发学生思考。这样，教学过程就会显得生动活泼、趣味盎然。

（三）化难为易，促进理解

故事能使抽象的东西变为具体。概念、理论是对知识的深化和升华。由于其抽象程度较高，仅靠教师一般性解释，学生是难以理解掌握的。因此，教师应当有意识地、适当地结合教学内容设计一些故事来阐释概念、理论，以帮助学生及时消化、巩固。

第三节　形象有趣：故事教学的主要特征

一、形象性

（一）描绘故事人物生动

故事中的人物精神和品质通过具体的故事情节表现出来，形象性较强，这比单纯的说教更有利于接受。比如《假如给我三天光明》中海伦·凯勒的形象、《最后的常春藤叶》中霍尔曼的形象常常感动学生。

（二）讲述故事语言形象

由于故事主要是引起学生对教学内容注意的，这就要求讲述故事的语言具体、生动。同时，讲述语言的形象性，使故事更贴近教学内容。

讲述语言的形象化让学生更容易理解，更容易掌握，同时，也让学生的反馈变得更敏锐，更及时。

一些教学内容枯燥乏味，运用故事教学，且讲述形象、具体，这为激发学生的学习兴趣提供了契机。

（三）展现故事手段丰富

展现故事的手段并非只有“讲述”，还有图文、表演、视频媒体等。由于展现手段的丰富性，每个故事的讲述都是形象的，同样，学生听取的故事也是如此。

其实，有时丰富的展现手段常常受制于教学方式，然而正是这个特点，促使教师更讲究故事与教学的切合，更追求讲述与问题的结合，以求获得最佳的教学效果。

二、 趣味性

（一）讲述故事有趣

跌宕起伏、生动有趣的故事情节能激发学生的情感，达到以情激情、以情生情、以情动情的境界。如张元先生引导学生“神入”唐太宗的一则小故事：“……虬髯客见了李渊和李建成，心里很高兴，认为不是自己的对手，但一见到世民，脸色大变，知道天下没有了。”该故事寥寥数语，却通过“虬髯客”瞬间的表情和心理变化将李世民的形象、气质烘托出来，并引发学生的想象和疑问：这究竟是怎样的一个人？从而有效地激发了学生的兴趣和探究的欲望。

又如赵士详老师在教授“秦始皇”一课中选用了这样一个故事：秦始皇统一天下后，有一次临幸梁山宫，从山上望见宰相的坐车和随从众多，很不高兴，太监把这事告诉宰相，宰相便减少车和卫队。秦始皇很生气，说：“一定是当时在场的人泄漏了我的话。”审问结果，没有人肯认罪，于是他下令杀了当时在场的所有随从。教师通过故事的讲述，不仅让学生了解了秦始皇多疑和残忍的性格特点，更通过秦始皇草菅人命的细节，让学生理解专制统治下皇权的至高无上和神圣不可侵犯的特征。[①]

---

① 卢春建．选择怎样的故事来开展历史教学［J］．中学教学参考，2009，(12)：36.

（二）提出问题有趣

学生学习的内在动力是学习兴趣，而源自于故事的问题富有趣味性。例如，某教师在教授了立体图形的体积后，为了让学生系统掌握前后知识，并体验知识的应用价值，设计了一道生活题：老板给各包工头同样多的材料做一只饭桶，每次吃饭只能用这个饭桶装饭一次，各包工头要做成什么形状的饭桶才能让自己的工友吃到最多的饭？学生读完题目，引来一阵窃笑，窃笑之后带来的是高涨的探究热情，因为长方体、正方体和圆柱体的侧面积相等，体积等于底面积乘高，如果高相等，关键在于底面积的大小，假设侧面积都是125.6平方分米，高都是10分米，那么底面周长都是12.56分米。底面周长相等，什么形状的面积最大呢？通过计算圆的面积是12.56平方分米，正方形的面积是9.8596平方分米，而周长相等的正方形面积比长方形面积大。因此，侧面积相等的材料做成圆柱体的饭桶体积最大，即做成圆形的饭桶装的饭最多。此时，教师及时肯定：是啊！即使要做饭桶，也要做个圆形的饭桶。幽默有趣的问题情境，激发了学生积极思考的兴趣，为解决枯燥的学习问题增添了喜剧色彩。

故事教学使教学过程充满趣味。开始时的故事导趣，学习中的故事激趣，使整个学习过程有乐趣、学生有兴趣。

三、情境性

故事教学注重将声、影、像结合起来，让学生从听觉、视觉上得到启发，吸引学生专注于课堂，让学生进入教师布置的故事情境，这样的方式会极大地激发学生学习的兴趣和热情。

（一）教学过程的情境性

故事教学给学生创设一个学习的最佳环境，让学生有身临其境的感觉。

整个教学过程是紧紧围绕着故事展开的，教师充分挖掘故事的趣味性、语境性、情节性，以促进课堂的行动互动、思维互动、情感互动，有效的课堂互动又反过来加强故事教学效果。

挖掘故事的情境性，主要是指通过联系学生实际生活经验及已有的知识，建构一个相关的故事情境，或创设一个特定的语境氛围，促使学生对新知识进行主动探究和积极交流，从而建立新的认知结构。例如，在语言学习类故事教学中，教师应特别注意适时适当的情境的创设，在情境中输入词语、结构、句子。语言教学强调输入和输出，这是重要的两个概念。这两个概念之间还有一个非常重要的关系，也就是先有输入然后才有输出。对学生而言，尤其是对小学生来讲，输入主要来自于阅读的故事，或者听到的内容。故事提供了输入的内容。故事的语境、情境提供的真实语言素材有利于学生理解语言现象。学生学习要首先理解这个语言所发生的背景，这样他不仅能理解语言的意义，还能理解语言使用的具体情况。给学生一个故事，然后围绕故事学习其中重要的语言现象，训练重要的语言技能，为学生学习创设具体的情境。

（二）教学内容的情境性

故事情境可激发学习的内部动机，促进有意义学习，帮助知识技能的迁移和实践应用，利于人文科学素养的提高。

教师应具备深入挖掘故事材料的能力。深入挖掘故事材料意味着教师能为学生设计与故事话题相匹配的、符合学生身心特点的具有一定趣味性的任务活动。把教材中的问题编成小故事，用小动物做主人公，使学生身处拟人化的世界，增加课堂教学的趣味性，能够有效地调动学生的学习积极性，使学生全身心地投入到学习活动中去。例如，某数学教师教学“分数的基本性质”时，用“猴妈妈分饼”的故事教学：一天，猴妈妈把三块大小一样的饼分给小猴们吃。她先把一块饼平均分成 4 份，给了大猴子 1 份。二猴子看见了，嚷着说：“1份太少了，我要两份。”于是，猴妈妈把第二块饼平均分成8份，给了二猴子两份。三猴子一看，喊道说：“我最小，我要3份。”猴妈妈听了，便把第三块饼平均分成12份，给了三猴子3份……当学生们被有趣的故事深深吸引时，教师问：“小朋友，你知道哪只猴子分得多吗？猴妈妈这样分公平吗？聪明的猴妈妈是用什么办法来解决问题、满足猴子们的要求的？如果四猴子要4块，猴妈妈该怎样分呢？”由此引导学生饶有兴趣地展开操作、观察、思考、交流、验证、探索，从而归纳出分数的基本性质。在这样的故事情境中，学生产生了认知冲突，较好地激发了学习兴趣，为后续教学奠定了良好的基础。

（三）教学问题的情境性

爱听故事是人们的天性，作为教师，要经常准备一些有思考价值的故事讲给学生听，它们能将学生的注意力牢牢吸引，这就是故事的魅力。

例如，某教师在教学列方程解应用题时，就引入一个寓言故事：据说，很久以前，有一位穷苦农民，在路上遇见魔鬼，魔鬼拉住农民的衣服，说：“嗨，你的钱多得很啊！”农民答道：“不瞒你说，我穷得叮当响，全部家当，就是这口袋里的几个铜板。”魔鬼说：“我有一个好主意，可以让你轻轻松松发大财。”农民不相信，说：“有这等好事吗？”魔鬼说：“只要你从我身后这座桥上走过去，你的钱就会增加1倍。你从桥上再走回来，钱数又会增加1倍。每过一次桥，你的钱都能增加1倍。”农民连连摇头，笑着说：“鬼话连篇！”魔鬼眼睛一翻，喊道：“我就是魔鬼！我有法力，能让你的钱过桥加倍！但是你必须保证，每次在新的钱数加倍以后，你都要给我24个铜板，否则，就要你的命！”农民挥挥手，说：“好吧，如果你的鬼主意灵光，过一次桥真的能让我的钱增加1倍，就给你24个铜板吧！”农民过了一次桥，钱数确实增加了1倍。他给了魔鬼24个铜板，然后数一数口袋里还剩多少钱。第二次过桥，口袋里的钱数又增加了1倍，他又给了魔鬼24个铜板。第三次过桥，口袋里的钱倒是照例增加了 1 倍，不过增加以后一共只有 24 个铜板，统统被魔鬼抢去，分文不剩。那么，这位农民在见魔鬼以前有多少钱呢?

学生听得聚精会神，积极思考讨论，争先恐后地发言。这样，他们对一直头疼的应用题也有了兴趣，这节课的效果也就可想而知。

在课堂上，相关故事情境的设计要根据学生的思维特点以及学生在学科知识、解决学科问题的能力等方面综合性地考虑，教师要认真分析学生的思维认知水平，才能够创设出符合学生实际情况的问题情境。教师设计问题情境的另一个参考依据是教材。教师要准确把握教材，挖掘其中的内在知识结构，广泛地搜集和教学材料相关的资源信息，这样才能够更准确地创设出问题。

三、 活动性

（一）故事呈现，寻求师生互动交往

新课程背景下提倡的教学观是师生交往与互动的双向活动过程，教学互动是提高课堂教学效率的通幽小路。因此，在故事教学中，教师可以以故事为桥梁，丰富教学活动的形式与内容，为师生互动提供更为广阔的平台。

故事的呈现，除了讲述、表演，还可以数字化故事形式呈现。数字化故事是通过多媒体创作软件讲故事，因此演讲者与图片、文本、视频、音频之间存在着一定程度的互动。因为有了多媒体元素的加盟，听众与这些元素之间同样存在着互动。另外，数字化故事作品创作中，师生之间、生生之间可以通过多媒体发生直接或间接的互动。

（二）故事拓展，强化学生自觉训练

故事教学不应仅仅停留在营造教学氛围、制造教学话题，还应该提升到强化学生自主学习意识、提高学生语言实践能力的高度。因而，在教学中，

尤其是在学习语言教学中，教师应有意识地培养学生语言创造的意识，引导学生放飞想象，展开探究的翅膀，以故事为背景开展各种各样的语言实践活动。如：模拟对话场景、改编故事结局、汇报阅读心得等，让学生在语言探究的过程中，更加深刻地领悟到故事的内在含义，延伸故事的教学意义。

如某教师教学牛津版小学英语《Unit 4　An English Friend》这单元时，布置课外活动任务：学生以小组为单位，利用网络平台，写一封交友邮件给一个外国友人，邮件内容可以是自我介绍，也可以提出自己感兴趣的问题，或者围绕英语学习展开；在小组活动中，组员不仅要分享各自的邮件，还要对邮件的回复情况进行调查与汇总，说说自己和外国友人之间的小故事、小插曲等。

（三）故事发散，促进教学目标达成

教学目标是对学生通过教学活动要达到的标准或结果的预期。教学以达成目标为取向，但如何促进目标达成是困扰教师的一件事。可进行故事发散，即从教学目标出发，按照不同的教学设计、教学方式、学习方式等探求多种答案的教学。

需要注意的是，发散故事要求故事与教学内容融合，与教学过程一致，与教学方式切合。“融合”是为了让教学与知识相互依存；“一致”是为了故事不偏离教学目标；“切合”是为了使故事讲述得心应手。

第四节　异彩纷呈：故事教学的基本类型

故事教学按照不同的标准可以划分不同的类型，根据故事在教学中的应用方式，大致可从三个角度来理解故事教学。

一、把故事作为教学工具

这种应用模式把故事当作其他教学模式的辅助策略，主要通过运用故事的情境性、形象性和意义性，来吸引学生的注意力、兴趣，并引导学生思考，以提高课堂教学效率。在这种理念下，故事教学实质上是一种应用于教学过程的各个环节的辅助性教学策略，故事教学只是其他教学模式实现的辅助工具。它分为两种情况，一种是故事零散利用的故事教学，它是引发学生兴趣、帮助学生理解和记忆知识的工具。如通过故事导课、利用故事帮助学生理解概念等。另一种情况是把故事当成教学活动的背景或者问题生发点的故事教学。这种教学模式下的故事应用，就不只是引发学生兴趣的工具，它贯穿于学生学习的全过程，是负载问题解决条件的模拟的文化或物理环境，为学生的思考指明方向。

二、 把故事作为教学内容

这种观点认为，故事是教学内容，是衍生教学活动的起点，而故事教学就是把故事作为教学活动的素材，并根据需要设计多样化拓展活动的教学方式，比如童话故事教学、英雄故事教学、推理故事教学、生活故事教学、科幻故事教学和神话故事教学。

“故事教学是利用故事为教材进行的教学活动，故事以媒体或讲述呈现之后，分析故事人物角色，透过角色扮演与故事事件讨论，再以写作、创作、游戏、完成学习单等方式进行教学活动，总结分析整个教学的历程。”① “故事教学是指在教师说故事之后，依据故事特色与情节，师生之间进行故事的讨论与分享，并安排适当的延伸活动。如：角色扮演、写作等，让学生充分了解写作的过程。”② 这种故事应用强调故事的认知和转化功能，同时引入叙事探究的反思层面，要求教学引导学生通过故事生成和升华个体化的意义。这

---

① 简素秋．故事教材进行环境议题教学之研究——以“自然生态保育”为例［D］．台北：“国立”台北师范学院社会科教育系，2005：8.

② 洪银杏．“教师即研究者”之行动研究：故事教学在低年级教室之实施［D］．嘉义：“国立”嘉义大学国民教育研究所，2001：4.

种教学模式以一定的故事作为立足点，强调故事呈现（呈现故事、分析故事）之后的拓展延伸活动，强调教学过程的生成性。与以故事为情景的问题解决取向教学模式相比，更加注重学生的主体性，注重挖掘学生所内含的课程资源。比较有代表性的是“故事中心”教学、案例教学法、瑞克的说故事的课程设计和故事模式，以及劳里岑和耶格的故事模式。

三、 把故事作为教学过程

这种故事教学利用故事的本质内涵，主张把教学过程设计成一个故事，强调学生对故事的情节感知、角色体验、立意思考和生活迁移。而教学活动是否具有故事性是针对教学活动对故事元素的利用而言的，教学的故事性是指在具有一定的主题和立意的前提下，应用全部或部分的故事元素。故事元素既包括构成故事整体的人物、情节、结构，也包括描述事件发展过程的开端、障碍、危机、逆转、高潮和结尾，甚至也可以是在教学故事发展设计中应用冲突、对比、结局的开放性或闭合性，人物的主动性与被动性，大情节与小情节的配合使用等具有不同心理影响力的故事创作手法。[①] 严格地讲，这才是真正的故事教学。从已有的研究而言，主要有故事线教学模式。它主要由“故事欣赏”“故事复述”“语言指导”“观点表达”“思维拓展”等环节构成，希望通过创设适合学生表达的情境，引导学生学会用连贯的语言进行表达，并鼓励他们大胆想象创编，从动脑、动口、动手等角度出发，以绘画或创作的形式表现出丰富的想象力和创新能力。

在把故事作为工具的教学模式中，故事不是教学过程的核心，只是学生学习的对象。在此之中，学生学习故事，而不是经历故事。学习依然是一个客观的过程，这种故事教学依然是任务取向教学模式下的教学工具，不是独立的教学模式。而在把故事作为教学内容的探究合作教学中，学生对故事进

① 张莉．故事教学模式探究［D］．重庆：西南大学硕士学位论文，2011：7.

行批判反思，进而理清经验的脉络，建构个体化经验意义。从实质上说，这种以故事为内容的教学模式关注了个体经验的意义建构，有利于合理引导学生理解经验，形成理性的认知和判断。在这种教学模式中，学生依然把故事当成一个客观的分析对象，不是去经历、去感受，学习依然是一个客观的过程。然而，个体行为虽受已有认知和经验的制约，但个体经验本身是脉络性和整体性的。这种教学过程对经验（故事）的整体性和情景性体验关注不足，最终必然导致学生对经验的意义建构停留于形而上的理解与判断。已有的故事线教学模式，利用故事的情节模型，把故事的美感和意义性融合进教学过程之中，引导学生体验故事并进行意义反思和提升，是对以故事为内容的反思探究模式的一种补充和提升，有利于人文教育中知情意行的统一整合，达成有效教学。

第一章　故事教学的主要元素

故事是一种文学体裁，教学是一种传播和学习人类文明成果——各种知识、技能和社会生活经验，以促进个体社会化和社会个性化的社会活动；而故事与教学二者的结合，便成为一种独特的教学方式。教师借用故事素材，结合教学内容，以此来吸引学生注意、激发学生听课兴趣以及启发学生思考。而且，故事教学是一种化繁为简、寓教于乐、为学生喜闻乐见的教学方法。顾颉刚先生认为，中国近代史上一种著名的史学研究方法——层累说，即当时新兴的一种叙事研究方法，也是以故事为其逻辑起点，即通过故事来传递知识。著名儿童教育家陈鹤琴先生也说："故事对儿童是一种重要的精神食粮。"的确，学生喜欢听故事是个不争的事实。教师大胆地将故事引进教学，让学生享受故事教学的无穷乐趣，是一次较为新颖的探索。

第一节　故事教学的时机

一、 掌握故事教学使用的机会

把握时机，事半功倍。在具体的教学活动中，倘若能够在恰当的时间运用故事进行教学，掌握每次使用教学故事的机会，那么，教学的成功概率就会随之增高，教学活动也会取得预期效果。下面是一典型课例。

把握机会，成就高效课堂①

师：(引子) 话说，北宋政和年间，纲纪败坏。贪官污吏把持朝政，百姓处于水深火热之中。天下英雄豪杰，纷纷起义。这便引出了你们所见的——

生：《水浒传》一百零八将等仁人志士。

师：今天先表一人 (对着图说)，此人东京汴梁人士，生得豹头环眼，燕颔虎须，八尺长短身材，三十四五的年纪。官至八十万禁军枪棒教头。人送外号——豹子头。此人姓甚名谁?

生：林冲！(师板书“林冲”)

师：面对千年的人物，该怎样读出来?(生再读，有力量了)

师：说到豹子头林冲谁人不知，哪个不晓，所以《水浒传》六至十一回都写到了他。(师出示课件)

生：(朗读) 第六回——“花和尚倒拔垂杨柳，豹子头误入白虎堂”。

生：(朗读) 第七回——“林教头刺配沧州道，鲁智深大闹野猪林”。

生：(朗读) 第八回——“柴进门招天下客，林冲棒打洪教头”。(师板书：林冲棒打洪教头)

师：这便引出了今天我们要学习的第八回的一个章节。让我们好好朗读

---

① 窦桂梅. 朗读就是理解，朗读更是发现——以《林冲棒打洪教头》教学为例 [J]. 语文教学通讯，2010，(15)：9—17.

题目！（课件）

生：林冲棒打洪教头。（重音在“打”）

师：（点评）如闻其声！

生：林冲棒打洪教头。（重音在“林冲”）

师：（点评）如见其人！

生：林冲棒打洪教头。（重音“洪教头”）

师：（点评）打的不是别人，就是这“洪教头”！

师：好文在手，须得朗朗上口！今天我们就像读题目一样，逐字逐句地，细细地朗读这篇文章。（板书：朗读）

（一）抓住时机，适时讲述

教师要根据教学内容，以及学生的学习状态或教学故事的适用性，把握时机，恰当地运用故事教学。其中包含什么时候引入故事，引入的是一个什么样的故事，怎样去引入故事等。特级教师窦桂梅教学《林冲棒打洪教头》，这是一篇故事性很强的课文。窦桂梅一开课就借助评书形式，很好地把握住引入故事的时机，这不仅很自然地导入所要讲授的课题，而且成功地制造了悬念，激发了学生的听课兴趣。

（二）捕捉细节，适时讲述

细节决定成败。在开展教学活动过程中，善于捕捉教学细节是优秀教师很重要的品质。窦桂梅老师善于捕捉教学细节，恰到好处地引入故事，很好地激发了学生的学习兴趣。

（三）洞悉心理，适时讲述

从心理学的角度看来，中小学学生对形式新颖、生动活泼的东西容易产生兴趣，而且一旦有了兴趣，就会发挥极大的主动性，对一些问题主动地多思多想，并在这个过程中发展自己的智力。因此，为了让学生对你的故事教学感兴趣，在教学中，教师就必须学会洞悉学生的心理，采取创新的方式进行课堂教学。要做到教学形式新颖、生动活泼，教师必须针对教学需要对教学材料进行筛选，在合适的时刻利用其引起学生注意，提高学生学习热情。窦桂梅老师很好地把握了学生这一心理，一开始就以故事引入课题，吸引学生的注意力，引导学生进入学习状态。

二、 控制故事教学运用的频率

深刻的情感体验①

教授《妈妈的账单》时，教师带着浓厚的情感色彩将故事穿插进课堂，通过故事中营造的情景，帮助学生更好地理解课文内容，打开学生情感的窗户，激起学生情感的火花，拨动学生的心弦。这些故事能让学生感受到自己的幸福及妈妈的伟大。

教师开始讲述：三个故事是这样的，第一，记得小时候吧，你在前面跑，妈妈端着碗在后面追，嘴里不停地说："宝宝，来，吃一口。"妈妈好不容易追上了你，你张大嘴巴，妈妈用勺子小心翼翼地喂你吃，你吃得津津有味，然后嬉皮笑脸地又走了。第二，每天，妈妈下班一回家，就蹲下来，拍拍手，张开双臂说："来，过来，宝贝，让妈妈抱抱。"你笑眯眯地摇摇摆摆走过去，扑进妈妈的怀里。妈妈在你脸上亲了又亲，还给你挠痒痒，你笑得前俯后仰。第三，记得刚学走路，没学会走就想跑，大人刚一松手，你就箭一样地向前冲，"砰"的一声，你趴下了，你嗷嗷直哭，妈妈急忙跑过去抱起你，摸摸鼻子，看看眼睛，瞅瞅脑袋，说："哎哟，我的宝宝，哪儿疼？"

故事讲完了，请同学们谈谈，从这个故事中悟到了什么？令你感受最深刻的是哪一个片段？你还记得妈妈和你相处的生活细节吗？这又与课文《妈

① 张云华. 打开故事大门，营造有效课堂［J］. 小学教学研究，2013，(20)：12. 题目为作者所加。

妈的账单》有何切合之处呢？

通过这三个故事的讲述，学生自然而然地对《妈妈的账单》这篇课文的思想感情有所启发，理解“账单”的由来，更能明白母爱的伟大，进而达到教化学生的目的，有效完成教学目标。（略有删改，编者注）

教师通过对教学内容的有效整合，在有效控制教学故事使用数量的前提下，选取了来源于生活的三个小故事，恰到好处地表现母爱。而且，教师通过严格筛选与之相关的具有连贯性的小故事，营造了一系列富于情感的故事情景，拨动学生的心弦，使学生与故事文本产生心灵的共鸣。

（一）控制教学故事使用的数量，实现有效教学

“过犹不及”，也就是说，事情做得过头，就跟做得不够一样，都是不合适的。适时适量才是最好。通常，一节课使用故事在1～2个，不宜太多。否则，可能增加教师的工作量，且分散教学焦点。我们不能单单把轻松、开放、精彩作为衡量一堂好课的唯一标准，假若教师对故事教学法驾驭不力，即使故事讲得精彩，也很难达到理想的教学目标。不是所有的课都适合用故事教学，如果牵强使用，就会失去故事教学的意义。我们追求的是质量，而不是数量。

运用于教学的故事要结合实际情况。一位教师讲授形似字一课，给学生讲了这样一个故事：古代有一富家子弟，父亲教他念会“日”后，请来一私塾先生为其传授知识。学《论语》，开口便“子日，子日”念个不停，先生指正应念“子曰”，他不以为然：“几天不见，日就长胖了，难道我就不认识它了吗？”父亲以为他学有所长，祝寿时，当着众人面要求儿子读门联：“欲穷千里日，更上一层楼。”父亲听后大怒，纠正道：“应念‘欲穷千里目’。”儿子道：“日就是日，几天不见你瘦得露出一根排骨，我就不认识了吗？”这是一个很有针对性的故事，故事数量不多，收到一箭双雕的教学效果：学生不

仅掌握了“日、曰、目”三个形似字的写法，更理解了什么是形似字的含义。①

唯有控制好教学故事的使用数量，才能真正发挥故事的价值作用。当然，教师可以根据教学实际情况及定位，灵活地调整每一节课使用故事的数量。

（二）控制教学故事使用的间隔，实现有效教学

一般情况下，在教学活动中，如果选择了故事教学，就要控制使用间隔。讲故事只是实现教学目标的一种方式，间隔要适宜。如果间隔太过短暂，则让故事喧宾夺主；如果间隔太过长远，则让故事失去连贯性。

需要指出的是，教师必须要特别注意遵循故事连续性原则。因为这一原则不仅关系学生的学习连续性，更关系课堂教学的实施步骤和程序，只有做好“故事链”，才能使教学呈现阶梯式地层层递进，进而使学生能够按照教学进度一步步达到预期的教学目标。比如，教师在使用故事教学时，不顾教学故事的连续性，忽视使用教学故事的间隔，任意穿插一些与教学无关的故事，随意在课堂上“堆积”故事，这样，不但难以持久吸引学生的注意力，还会使你的教学没有层次感，难以达成教学目标。

第二节　故事教学的范围

一、明确故事教学的对象

有趣的减法②

在开始教小学一年级减法（十以内的加减法）时，如果教师简单地讲几

① 曾琳. 用小故事激活语文课堂［J］. 语文教学与研究（教师版），2004，（12）：21.

② 任洪祥. 故事在小学数学教学中的应用［J］. 学周刊（b版），2014，（2）：74. 题目为作者所加。

减去几等于几，学生是理解不了的。为了使学生能够很好地理解减法的概念，教师决定从讲故事入手："老师今天给小朋友们讲个故事好不好？"学生一听高兴地拍手叫好。然后我就讲了一个小猴子摘苹果的故事："秋天到了，有好朋友在小猴子家玩，小猴子为了招待小朋友们，就拿果篮去果园摘了五个苹果，在回来的路上不小心掉到地上一个，被路过的小白兔捡去了，结果小猴子到家后篮子里还有几个苹果呢？"学生们异口同声地说："还有四个。"接着我又问道："为什么是四个了呢？"学生的回答多种多样，但有一个共同点——都知道少了一个，所以是四个。这时我在黑板上边写边问："小猴子摘了几个苹果？"学生说五个，我在黑板上写数字 5，再问道："有个苹果哪里去了？"学生说让小白兔捡去了，于是我边说边写 5 减去 1 个（实际写成 5－1 这样的算式），最后小猴子还剩几个？学生回答还有四个。我最后写成"5－1＝4"，边写边讲数学符号"－、＝"的意思。这样，学生很快就学会减法算式的写法和数学符号"－、＝"的意义。

这节数学课的成功之处，就在于教师能够根据学生的年龄以及心理特点，选择符合学生的故事进行教学。小学一年级的学生，由于年龄比较小，理解能力有限，教师可以适当选择一些较为生动有趣的故事来辅助教学。这位教师很好地把握了小学生的心理特点，利用故事激发学生的学习兴趣，同时，促进学生对知识的认识以及理解。

（一）分析年龄，因势利导

要达到理想的教学效果，教师要根据学生的年龄特征选择故事，以做到"因材施教"。一般而言，低年级学生活泼好动，自我约束力较差，尚不能区分想象中事物和现实中事物，喜爱那些与他们生活、性格特点相近的事物。教师可以选择一些童话故事，内容要灵活，情节要简单，篇幅要短小，讲述要生动，尽量贴近学生的生活。而面对高年级的学生，故事的内容可以多元化，如推理性、哲学性、英雄式等，故事情节要有曲折，故事语言要多样，通过故事折射出一定的做人做事的态度。

(二) 针对心理，启发教学

教师必须根据学生的心理特点，针对性地进行教学。每个学生都是独立的个体，心理特征各有不同，这就要求教师针对性地选择合适的故事。苏霍姆林斯基认为，教学就是教给学生能借助自己已有的知识，去获取知识的能力，并使学习成为一种思维活动。学生是教学的主体，他们有着自己的潜在性和主动性的发展需要。教师要做的是，充分调动学生学习的积极性、主动性，采取学生乐于接受的教育方法。比如，对于学习自觉性较差的学生，就要选择示范性的故事，引导他们加强自我管理；对于性格比较怯懦的学生，就要多讲一些英雄式的故事，激励他们意志坚强；对于粗暴霸道的学生，就应多讲一些礼让的故事，教育他们明礼知节。针对学生不同的心理特征，选择恰当故事，力求教学有的放矢。

二、 明确故事教学的内容

认识钟表①

在教学《认识钟面上时、分、秒》一课时，教师利用故事导入："小朋友们，老师给大家讲一个故事，听完后，想想这个故事与老师桌面上的钟面有什么联系。"

在一个美丽的大森林里，有一座漂亮的房子，里面住着一个小熊胖胖。一天，小熊睡得正香，"铃、铃铃、铃铃铃"，一阵阵铃声把小熊吵醒了。小熊起身看了钟表，(我出示一个 6 时 20 分的钟面，略加停顿) 说了句："才 4 点多，一定是闹钟出了问题。"便把闹钟关掉，又接着呼呼大睡。过了一会儿，小熊胖胖起床一看，太阳已经照到屋里来了，于是，急急忙忙往学校跑

① 陈云清. 关于小学低年级数学教学的思考 [J]. 小学科学 (教师), 2014, (2): 72. 题目为作者所加。

去，到了学校，已经开始上第二节课了。

你们知道小熊为什么迟到吗？

听到这故事，学生情绪高涨，非常感兴趣地讨论起来：

生1：这个小熊可真马虎，他肯定是把钟的时针和分针看反了。

生2：小熊太贪睡了。

生3：小熊应该让妈妈按时叫他起床。

这时，教师及时鼓励学生，并让一名学生上台演示。通过操作，所有学生便明白了其中的原委。正是由于实际观察，学生今后再遇到有关认识时间的问题时，脑海里会出现钟面的形象，减少出错。（略有删改，编者注）

在“认识钟表”的教学中，教师针对学生的学习目标、学习需要以及学习兴趣，选用了一个较为简单但颇具趣味性的故事，将故事与数学知识巧妙地结合起来，让抽象的数学概念化为形象的事物，从而化难为易，变复杂为简单，化抽象为具体。通过小熊迟到的故事，引导学生解决问题，纠正错误，在愉快的学习气氛中学有所得，掌握新知识。

（一）选择故事要针对学生的学习目标

孙子说：“善战者，求之于势不责于人，故能择人而任势。”意思是说，善于打仗的人，总是能根据客观形势制定相应的作战策略，而不是怨天尤人。故事教学更是如此，故事的安排并不是随意的，必须为教学服务，要针对教学内容、教学目标的需要进行教学设计。作为教师，在选择教学故事时，要有目的、有计划地设计教学方案，依据学生实际，帮助他们制定明确的学习目标，从整体上体现知识结构与故事内容的内在联系。这样，才能使故事教学取得实效。所以，故事内容要针对学生的学习目标，不能因为故事的趣味性，而忽略它的针对性。“强扭的瓜不甜”。不顾及学生的学习目标，僵硬地照搬故事，盲目地为故事而故事，结果往往适得其反。

（二）选择故事要针对学生的学习需要

杜威认为："教育必须从心理学上探索儿童的能力、兴趣和习惯开始。"可见，教学是重视学生个人发展的，教学必须重视满足学生的学习需要。因而，在教学中，教师必须针对学生的学习需要，为学生的发展提供充分的"养料"。教学过程应该注意做到以下几点：第一，教师要察言观色，关注学生的学习状态。第二，对学生的学习需要"明察秋毫"，明确学生学习需要。第三，针对学生学习的需要提出相应的教学策略。比如，面对无精打采、昏昏欲睡的学生，教师不能一厢情愿地讲述故事，而应考虑：故事是否可以激发学生的学习兴趣，是否满足学生的学习需要等。不顾及学生的学习需要，就无法走进学生的内心，也难以使教学精彩纷呈。

（三）选择故事要针对学生的学习兴趣

美国故事家吉姆·科认为："听故事能够打开那些直接教育无法触及的区域，无论是成人还是儿童，都可以从故事的意义中找到解决自己的问题的稳妥办法。"故事作为一种具有趣味性的形式，能够吸引学生的注意力，使教学达到理想的效果。针对学生学习兴趣的故事往往能够引起学生的共鸣，并能激发学生参与课堂的欲望，使学生乐于参与。同时，只有对教师所采用的教学材料感兴趣，学生才会主动去寻找解决问题的方法，才有可能充分发挥自己的聪明才智。这就要教师选择故事首先要着眼于学生的学习兴趣，选择一些贴近生活，富有趣味且与教学内容相关的故事。学生对学习产生兴趣，是精彩教学的基本条件。

三、明确故事教学的方式

一节有趣的语文课

一位教师在执教童话《小稻秧脱险记》时，摈弃"满堂灌"的教学模式，以学生为主体，巧妙地设计了一系列吸引学生感兴趣的教学环节。教师在教学生字词和读顺课文之后，指导学生进行角色扮演，用故事形象化地表现小稻秧脱险的过程。教师和学生相互配合，把杂草的气势汹汹、横行霸道、蛮不讲理和小稻秧的有气无力、胆战心惊、软弱无能的情景表演得绘声绘色。学生在表演的过程中切身体验了“脱险”的感受，获得了深刻的启发，同时构建了新知。

教师根据学生的实际需求，采取故事教学方式，较好地激发了学生参与学习的积极性。学生不但动脑，而且动手，获得了较好的学习效果。

（一）教师主导，提高教学效率

教师的主导地位在任何时候都是不能动摇的，因为在整个故事教学中，教师始终充当着组织者、引导者的角色，失去了教师的主导地位，教学活动就难以进行。显然，教师主导是故事教学的方式之一。教师主导的故事教学方式，首先体现在教师是课堂的策划者，包括使用何种故事、怎样讲解故事等等，都是由教师主导的。另外，教师主导的故事教学方式，还体现在教学过程中，教师结合教学目标与教学故事所提出的问题，通过引导学生思考，引导学生寻找解决问题的方案等。因此，在教学中，教师要善于发挥主导作用，精心策划故事教学内容，引导学生质疑问难，从而更好完成故事教学目标。

（二）学生自主，提高教学效率

学生自主学习，就是要改变学生被动的学习地位，让学生能够主动积极地去探索、学习，使他们在学习的过程中充分发挥创造性与能动性，这是故事教学的重要方式之一。一般情况下，在故事教学中，学生自主学习方式的类型主要有以下几种：第一，学生自主复述故事，通过复述故事，提高学生对知识的理解以及掌握程度。第二，故事角色扮演，学生通过对故事中的角色扮演，能够更好地体会故事的情感。在提高语言运用能力的同时，培养学生的创新思维能力。第三，创编故事，创编故事不仅能够提高学生对课堂的参与积极性，还能培养学生的创新思维能力。可见，在教学中，教师必须明确学生自主的故事教学方式，方能让学生乐于参与故事教学课堂，同时投入、充满热情地去解决问题，进而顺利完成教学任务。

（三）分工协作，提高教学效率

分工协作是故事教学的又一重要实施方式。为了使故事教学更加具有实用性，教师必须重视分工协作这一方式。在故事教学中，如何让学生主动参与课堂学习显得十分重要。实践证明，小组分工协作是有效吸引学生进入课堂学习的活动方式之一。小组分工协作有利于激发学生的创造力，有助于培养学生的合作意识，有利于加强学生之间的交流与沟通，进而提高学生对故事教学课堂的兴趣。因此，教师在教学中首先要为学生创设一个民主、和谐、自由的学习气氛。其次，要采用多样的形式，合理地创设小组合作任务。最后，要平等地参与小组分工协作，并及时对小组学习成果做出引导、鼓励以及肯定，让学生充分体会故事教学的乐趣。

第三节　故事教学的变化

一、传统故事教学的误区

两只小狮子[①]

一位教师在教学童话故事《两只小狮子》时，从头到尾都在独自“读”故事，语调没有高低起伏，表情更没有变化。学生在下面闹闹哄哄，教师在

① 唐光超. 把童话教成童话：小学童话教学的误区和策略［J］. 科技信息，2012，（1）：63－66. 本文略有改动，题目为作者所加。

讲台上讲得口沫横飞。在一大段沉闷的讲述之后，教师与学生才开始有了对话。

师：同学们，学完了《两只小狮子》，你懂得了一个什么道理?

生：我知道了我们要学习勤劳的狮子，只有勤劳才能取得好成绩。

生：只有勤劳，以后才能赚大钱。

面对学生的较为功利性的解读，教师却没有从正面引导学生，让学生往正确的方向思考。教师偏重了道德训诫和实用性解释，而忽视了从情感与审美体验的角度进行引导，这样只会失去童话的本真，使美好的童话黯然失色。空洞乏味的讲述，忽视了学生的情感体验，忽视了学生的“人生感悟”，扼杀了学生的想象力，也失去了故事的本真，难以达到教学目标。

显然，传统单调的故事讲述，是难以达成理想的教学目标的。对于大多数教师来说，读故事比讲故事要容易一些。如果讲故事，就需要记忆故事和提高语言技能。读故事基本上都是照本宣科，忽略学生的感受。教师的单调乏味容易引起学生的疲倦和厌烦，必将导致学生失去学习的动力、自信和兴趣。讲故事带有很明显的个人风格，讲故事者所面临的最大挑战就是如何保持听者的兴趣和注意力。大多数人都不是天生就会讲故事的，需要经过系统训练并对讲故事的技巧多加注意，才能成长为优秀的故事讲述者，这样，故事也会变得鲜活生动起来。①

（一）千人一面，了无新意

1. 讲述模式单调乏味。

教师讲述故事基本固定在“讲述故事——提出问题——教学小结”的模式上，长期使用一种讲述模式，未免单调乏味，学生会对之失去兴趣。在这里，故事成为“鸡肋”，留之没用，弃之可惜。

---

① 王俊英. 走出英语故事教学的误区 [J]. 科技信息，2009，(2)：142.

2. 讲述内容陈旧落后。

教师讲述的故事，学生比教师还滚瓜烂熟。与“文章切忌随后人”的道理一样，教师不能老是重复老生常谈的故事，否则难以吸引学生。如果每次讲述故事都是“从前有座山，山里有座庙，庙里有个和尚……”，都是陈谷子烂芝麻，何谈吸引学生注意，又何来成功教学？故事要越讲越新，即便是同一故事，也要讲出不同意趣。教学故事与写文章同样强调一个“新”字，教师讲述故事应避免“空壳”现象，应使教学别具魅力。

（二）只讲不教，缺乏引导

1. 缺乏引导学生挖掘故事的知识点。

很多时候，我们发现，教师讲述故事仅仅满足学生对故事的兴趣，而不考虑故事蕴藏的知识点。学生如果对故事的兴趣仅仅停留在听的层面，就难以与故事真正产生的对话，更不用说发现其中的实质意义。这时，教师应给予及时指导，帮助学生深入探讨故事的内在品质，挖掘故事蕴藏的知识点。一个优秀的教师，不仅仅擅长讲述故事，更善于引导学生从故事中挖掘内在的意义。

2. 缺乏引导学生明确故事的意义。

对于故事教学而言，引导学生明确故事的意义显得尤为重要。只有在学生明确故事意义的前提下，教学才能发挥实效。很显然，如果学生只是盲目地听故事，不懂思考、不善思考，不明确故事的意义所在，那么，教学必然处于低效或无效的状态。因此，教师在使用故事教学时，不要只注重故事的数量，还应当要注重方法的指导和课堂的设疑，通过针对性的提问，同时提供给学生思考的空间和解决问题的策略，从而引导学生明确故事的意义，更好地达成教学目标。

（三）偏重知识灌输，缺乏个性化解读

1. 缺乏引导学生充分展示个性。

学生是一个独立的个体，都具有自身独特的个性。而传统的故事教学，偏重于知识灌输的教学模式，使得学生失去了展示个性的机会，学生的课堂积极性不高，故事的解读也就变得单一。缺乏个性化的解读，这对于学生掌握知识而言，显然是不利的。为了使故事教学更加富有魅力，在教学中，教师首先要鼓励学生敢于发表自己的感受以及独特的见解，鼓励学生自主地选择解读故事的角度，展开想象的翅膀，不断激发学生探究的欲望，肯定以及鼓励学生的成果。在个性化的解读下，发展学生的想象能力以及独立处理问题的能力。

2. 缺乏引导学生发展其创造力。

创造力是学生个性发展的动力与源泉。然而，传统的故事教学往往忽略学生创造力的培养，只关注故事教学的完成。其实，培养学生的创造力在任何时候都显得非常重要。为了更好地切合素质教育理念，需要花大力气培养学生的创造力，力求提高学生探究知识的兴趣，求新的欲望。在故事教学中，教师首先要强化学生求异创新的意识，呵护学生的创新意识。其次，通过让学生多元阅读充满创造想象的故事，鼓励学生展开想象，特别是创造想象。最后，要鼓励学生以不同的思维方式表述见解，以此发展学生的创造力。

二、 创新故事教学的策略

一起来！①

教师在三年级教学单词 lonely、sad 时，一开始有些发愁，怎么教呢？怎么引入新单词呢？怎么让学生体会单词所包含的情感呢？因此，教师编了一个孤独寂寞的小女孩寻找朋友的故事。这个故事用的道具很简单，黑板上画一个大房子，房子里面画一个小小的孤独的小女孩。

T：Who is in the house?

---

① 施萍. 运用故事教学，提高小学英语课堂有效性的研究［EB/OL].［2014－12－12]：百度文库，http://wenku.baidu.com/view/913fe068561252d380eb6edd.html. 题目为作者所加。

S：A little girl is in the house.

T：Is she happy?

S：No. She is sad.

T：Why?

S1：Because she is hungry.

S2：Maybe she wants to play.

T：The house is very big. And the girl is in the house. She has no friends.

（学生听了提示后马上举手）

S：She has no friends. I think she is……老师，“孤独”怎么说？

T：Lonely.

S：She is lonely.

（教师立刻抓住机会，教授新单词 lonely. 让学生学着小女孩的口气说：I'm lonely. I'm sad.）

这是小学三年级英语单词教学。学生争相举手，要求扮演小女孩。他们通过故事扮演，掌握了新单词。由于故事使用的语言与情节，都具有重复及可预测的特性，教师通过提问，让学生猜测故事情节，这提高了学生的参与性。

（一）展现故事情景，唤起学生的学习热情

1. 创设生活情景，激发兴趣。

实践证明，将学生置身于熟悉的生活情境中，不仅能激活课堂气氛，同时也激发了学生探究知识的兴趣以及动机。在教学中，教师应当敏感地捕捉学生生活经验中有教育价值的现象，同时创设生活场景，将抽象的知识生活化，将具体的生活情境知识化，让学生经过体验、探究，总结出生活故事中的知识，创建一个充满生活气息与活力的课堂。

在故事教学中，教师通过故事情境的再现，唤起学生学习的热情。比如教学《卖火柴的小女孩》，伴随着凄凉哀婉夹杂着风雪声的音乐在教室里响起，师生仿佛一下子走进特定的情景，激起了学习的热情。

2. 创设问题情境，启发思维。

古人云："学贵知疑，疑则有进，小疑则小进，大疑则大进。"教育家陶行知先生也说过："发明千千万，起点是一'问'。"质疑是点燃学生思维的火苗，而创设问题情境，恰恰是学生质疑的开始。由此可见，教师讲述故事时，要抓住关键，提出问题，鼓励学生质疑问难。其中，疑是思维的开始，难是创造的基础，教师应创设问题情境，引导学生深入探讨问题，培养学生的创新思维。同时，教师在故事教学中要善于提问，让每个问题充满启发性与开放性，用提问帮助学生理清故事的发展情节，领悟故事的内在价值与启示。

（二）重视生活体验，激发学生的创新思维

1. 情境对话：思辨。

在故事教学中，情境对话是十分重要的，恰当的利用情境对话，才能有效地激活学生的思维。如果在教学中，教师能够有目的地引入或创设具有一定情境色彩的、形象生动的场景，利用情境对话激发学生的学习兴趣，那么，教学就能使学生拥有一定的情感体验，从而使学生在情境对话中思考解决问题的办法，帮助学生更好地理解知识，并使学生的学习能力得到发展。因此，教师应创设情境，引导学生体验故事中的人物心理或精神特质，学习新知识。比如教学《水浒传》，可以让学生通过扮演角色进行情境对话，帮助学生理解人物的性格特征，理解人物的精神品质。

2. 游戏活动：体验。

体验是指学生通过全身心地去感受、关注、欣赏以及评价某一活动。只有经过体验，学生才能够把一个陌生的东西内化为自己熟悉的知识。游戏活动其实就是学生的体验过程，这些体验使学生能够在故事教学活动中不断获

得学习的动力。因此，在教学中，教师要善于通过设置一些游戏活动，使得学生能够多角度、多层面体验学习乐趣，同时为学生提供一个较为广阔的思维、想象以及创造空间，让学生在充满乐趣的游戏活动过程中，不断充实与丰富知识。

在游戏情境中，学生往往会把自己想象成故事中的角色，体验故事中的情感。教师可以借助游戏活动，让学生深入体验，让思维散发光芒。比如教学《有趣的汉字》，教师可以组织“字谜会”，要求学生收集材料，自己编制谜语，讲述关于字的故事。学生奔走于各种各样的“汉字”的故事中，不仅完成了学生任务，而且体验了快乐。

（三）迁移拓展：运用

迁移拓展，是指在教学过程中以教学目标以及教学内容为基础，迁移到其他与之相关的知识点。进行迁移拓展教学，不仅能够充分拓展学生的思维、激发学生的想象，而且使整个故事教学主题得到提升以及升华，进而使整个故事教学目标得到有效的落实。为了使故事教学更加富有深度，教师需要因势利导地引导学生进行拓展学习，深化学生对故事的理解。通常，拓展教学可以分为两个层次：第一，教师通过情境的创设，借助辅助工具，适时拓展学生的思维。第二，教师提供几篇与之相关的材料，使学生在拓展学习中深化自我感悟，获得美好情感体验。需要指出的是，迁移拓展必须要合乎情理，避免脱离主题的无效教学。

第四节　故事教学的动感

一、教学故事的新颖性

教学故事的新颖性是指教学内容富有创意，是一种能够令学生耳目一新的教学材料，是一种比较容易吸引学生眼球的方式。吸引学生注意力的方法有很多，而其中最重要的就是教学故事内容的新颖性。只有富有创意的教学内容才具有吸引力。只有那些形象鲜明、新颖有趣的材料，才容易引起学生认识和理解的热情。

新颖出奇效①

根据小学生的年龄特征，教师可以把要讲授的单词或短语，找一些有趣的、与年龄相关的故事进行改编，使故事中的关键词多次出现，这样通过故事教学呈现的新单词，可以让学生在真实的语境中去体会，并可以通过提问不断巩固新学的单词或短语，让学生在趣味故事中学习，激发他们的学习兴趣和积极性。比如，在教小学一年级颜色单词时，教师就可用儿歌《The little black bear》导入，接着讲述小黑熊喜欢画画的故事，最后小组活动“和小黑熊一起来画自画像”：Color the head brown. Color the eyes black. Color the body black and white. Color his shirt red. Color his shoes brown. 整个教学过程由于有了故事的引入，避免了单词学习的枯燥乏味，学生学得轻松愉快。(略有删改，编者注)

（一）展现内容新颖，别出心裁

别出心裁是指教师在教学时，通过精心设计教学活动，使得教学更加富有特色，与众不同。别出心裁地展现故事内容，有助于学生理解、掌握知识点。教师展现故事内容应力求别出心裁，使故事贴近学生的学习生活。别出心裁要着重强调三点：第一，教学设计符合教学目标。第二，以学生为主体，符合学生的学习需要。第三，故事的素材来源于生活，忠实于生活，才能使得故事教学更加富有新意。当然，要真正做到别出心裁，教师在生活上还要善于积累、善于思考、善于捕捉，才能厚积薄发，才会有奇思妙想，使你的

① 梁亚琳．故事教学法在小学英语教学中的应用［J］．学周刊，2013，(31)：112．题目为作者所加。

教学内容更加富有创意。

(二) 呈现方式新颖，独具一格

独具一格是指教师在使用故事进行课堂教学时，采用一种有别于传统的、较为独特的教学方式。心理研究表明，学生的好奇心强，对新鲜的事物较为敏感且充满兴趣。因此，教师在教学中要学会创新，力求故事教学模式独具一格。要做到独具一格，需要教师做好以下几点：第一，强化创新意识，有意识地设计富有新意的故事教学模式。第二，善于总结反思，以求有新发现、新提高，使故事教学推陈出新，富有特色。第三，使用多元的教学活动方式，让学生在“做中学”。采取多样的教学方式，能进一步激发学生的学习兴趣，提高课堂注意力，使学生保持最佳的学习状态。

二、 教学故事的趣味性

教学故事的趣味性，是指故事情节符合学生的心理要求，有强烈的吸引力和感染力，能牢牢抓住听众的心，使他们感到新奇、有意思。由于中小学生的注意力不易集中且持续时间较短，这就要求教学故事要具有趣味性。

不趣不学[①]

【讲述故事】

(教师运用肢体语言、声音和表情辅助讲述)

师：Long long ago，(故意拖长音) there were ten little pigs and a monkey.(利用图片来说明)

Monkey was their team leader. (利用图片)

They wanted to go across the river. (做过河动作)

But the monkey was very tired (做疲惫状)，he wanted to ask one pig to

---

① 任素珍. 剑桥幼儿英语师资培训教程［M］. 西安：西安交通大学出版社，2009：145—146. 题目为作者所加。

be the team leader.

Before they went across the river, the monkey leader counted, "one, two, three, four, five, six, seven, eight, nine, ten."

Monkey: "OK, you, (指着其中一只小猪) you are the team leader. Go across the river."

This little pig was very happy and said, "one two, one two." They went across the river.

On the other side of the river, the little pig team leader wanted to count the number again.

Then, he counted, "one, two... nine." He counted again, "one, two... nine."

He touched his head, thought and thought and he counted again: "One, two... nine."

"Where is the number ten? Where is the tenth?" (蹲下作迷茫状)

【表演故事】

(给 10 名幼儿发小猪头饰扮演小猪，其中小猪队长的头饰颜色与其他队员区分开来，再邀请一名幼儿来当猴队长，幼儿可用自己简单的语言来表演故事)

Monkey: Oh, let's go.

Let's count. one, two, three, four, five, six, seven, eight, nine, ten.

YOU.... (选一位小猪来当队长)

Pig leader: Let's go.

Let's count: one, two, three... nine. one, two, three... nine.

(一) 故事语言有趣，增添故事趣味

雷曼麦说："用幽默的方式说出严肃的真理，比直截了当提出更能为人接受。"前苏联教育家也说过："同样的教学方法，因为语言不同，就可能相差十二倍。”故事之所以充满魅力，除了它风格独特、短小精悍、结构紧凑，还有一个重要的因素，就是语言生动、形象、优美，加上教师的“演绎”，更加富有教学感染力。在教学过程中，需要注意的是，教师必须首先“吃透”故事，才能充分发挥故事教学的优势。同时，应当学会运用意味深长的幽默语言讲述故事，传递教学信息。显然，运用充满趣味性的语言进行故事教学，比中规中矩更加有效。幽默的故事语言有助于增添故事的趣味性，令学生喜于接受，乐于学习，更好地达成教学目标。

（二）故事情节有趣，激发学习动力

故事因具有趣味性而充满着吸引力，而吸引力很大程度上来源于故事的情节。情节就是故事中人物关系发展的总和，由于故事情节有一种吸引力以及冲击力，使得学生在听故事时，迫切想要知道故事的发展，这样就牢牢抓住了学生的心。一般而言，故事情节跌宕起伏、曲折离奇，往往能够有效激发学生的学习动机，唤起他们的求知欲。比如，在讲学 Numbers 这一知识点时，教师给学生呈现了小猪和猴子过河的完整情节，随着故事情节的推进，一步步引导学生深入学习，取得良好的教学效果。

（三）故事方式有趣，吸引学生注意

子曰：“知之者不如好之者，好之者不如乐之者。”兴趣是一种学习品质，也是学习的动力之源。培养学生的学习兴趣，让学生在愉悦的气氛中学习，才能最大限度地调动学生的积极性和主动性。激发学生学习兴趣的方法很多，其中，故事方式有趣是有效激发学生学习兴趣的方式之一。在故事教学中，很重要的一点便是考虑故事方式的趣味性。机械的、枯燥的故事教学方式会使得学生失去参与课堂学习的热情。需要注意的是，教学故事的趣味性，主要表现形式有两方面：一方面，教师讲故事本身就是一种故事再现，有利于促进学生进行学习。另一方面，学生表演故事，也是一种故事再现，有助于学生理解学习内容。学生表现欲强，如果给他们提供角色体验的机会，恰好满足了他们的愿望，将加深他们对知识的理解并学会运用。

三、 教学故事的生动性

生动性是教学故事的一大特征。在教学过程中，生动的故事往往胜过抽象的说教。没有学生会欣然接受枯燥的说教，也没有学生会拒绝精彩非凡的故事。生动的教学故事，会为教学增色不少。

生动故事，活化课堂①

在进行标点符号的教学时，教师给学生讲一个这样的故事："曾经有一个外出做生意的人，给家乡的父母寄回了一封信，信中写道：儿子在外面的生活好痛苦没有粮食很多病少挣了一大笔钱。父母在看了这封信后的反应却不一样，一个在哭，一个在笑。你们有谁知道这是怎么回事吗?"学生思考后教师解释：哭是因为将信中的内容理解为："儿子在外面的生活好痛苦，没有粮食，很多病，少挣了一大笔钱。"笑则是因为将信中的内容理解为："儿子在外面的生活好，痛苦没有，粮食很多，病少，挣了一大笔钱。"这样一个小故事，不仅能够使学生的学习兴趣高涨，还能集中学生的注意力，让学生在故事中学会标点符号的使用，并牢记其作用，对教、学都很有帮助。（略有删改，编者注）

（一）描述生动，历历在目

教学故事描述生动是指描述的事物具体可感、生动活泼、具体鲜明，把枯燥无味的知识变得趣味盎然。为了把学生吸引到课堂的学习中来，提高教学质量，教师就必须考虑讲述故事的吸引力。而生动的描述，恰恰是吸引学生注意力的重要手段。因此，在讲述故事时，教师应当把故事描述得具体可感，贴近生活，就如同"放电影"一般，映入学生眼帘，从而加深学生对知

---

① 时春玲．巧用故事　活化课堂——小学语文课堂教学方法探究［J］．小学教学参考，2013，(12)：20.

识的理解以及掌握。上述案例中，我们可以看到，教师在教学标点符号这一枯燥难以理解的知识点时，巧妙地讲述了一个故事。这个故事形象生动，学生听得有兴，学得有趣，较好地理解了标点符号的重要性。

（二）讲述生动，身临其境

教学故事讲述生动是指讲述的语言幽默风趣、生动形象、具有较强的艺术感染力，使得呆板的知识教学变得轻松、幽默，更加富有实效。描述的夸张，比喻的生动，排比的气势等，是使故事精彩纷呈的有效手段。故事透过生动语言，彰显故事魅力，使教学不再枯燥乏味。想要做到生动地讲述故事，教师首先要把握整个故事的情节，其次根据学生的爱好，运用合适的故事语言讲述故事的发展细节，通过绘声绘色的故事讲解，使得故事更加生动、更加有吸引力，给学生以身临其境之感，更好的帮助学生理解知识。比如，教师在讲授标点符号使用时，颇有激情地讲述了一个故事。生动的语言深深吸引了学生，让学生有如身临其境。

（三）呈现生动，如见其人

教学故事呈现生动是指呈现的故事惟妙惟肖、栩栩如生。教师需要做好以下几个方面：第一，教师要懂得使用肢体语言。想要增强故事的感染力，更好地把故事所蕴含的知识信息传递给学生，教师应当在关键的时候加上一些恰当的肢体动作，会收到意想不到的效果。第二，教师娴熟的讲故事技巧也是呈现生动的一大诀窍。在讲述故事过程中，教师需要注意语音语调的正确使用，根据故事的发展、角色的变换来变换自己的语音，如果教师使用恰当的语音来呈现故事，会使学生产生兴趣，引起学生的注意，加深学生的知识印象，进而培养学生的思维能力。第三，教师在故事呈现时，采取一些辅助的多媒体工具，例如歌曲、图片等等，都会使得故事的呈现锦上添花，更加形象生动，使故事更加深入人心，引起学生的共鸣。

第二章　循序渐进：故事教学的实施

故事，英文为“story”，意思是指叙事性文学作品及为表现人物和展示主题的有因果联系事件。故事的教化功能古已有之，例如周朝的“说正事”活动，元代盛行的说书活动。故事蕴含着教化力量，融入教学，代替说教，更有说服力，更具魅力。

故事教学是一种比较新颖的教学方法，通过讲述活泼生动的故事情节，巧妙地融入人文科学知识、自然科学内容等进行教学。它结合教学主题，探究学习，体验反思，从而促进学生情意、认知水平、想象力的提升，并不断构建具有个性化成长的精神价值体系。

第一节　故事教学的实施要求

故事教学是以活泼生动的故事情节，结合教学主题进行、达成教学目标，是一种寓教于乐的有效教学方式。要想故事教学实施有效，依靠简单、枯燥的讲述，学生仍然是扮演被动的角色，效果显然是不佳的。如何运用故事教学进行施教，从而实现学生认知水平的提升，构建丰富多样的课堂呢？教师只有牢牢把握住其实施要求，方能落实教学目标，否则会弄巧成拙。

一、 目标有效

著名心理学家加德纳的多元智力理论认为，每个人至少有八种智能，即语言、音乐、数理逻辑、空间、身体运动、人际交往、自我认识，自然观察等智能。运用故事于教学，应制定多元化、全面化的目标，避免出现只注重语言和数理逻辑等学业智能或与这些智能相关密切的知识或技能的传授，而忽略了其他的能力培养，从而造成目标的狭窄、单一。

用故事诱导法完成教学目标①

教师在教学四声声调时，可搜集或自编一些短小的、富有情趣的故事，在讲故事的过程中，将教学内容渗透在故事情节之中，即为故事诱导法。比如以下面运用故事教“ɑ”的四声。引入新课后，教师说：这个故事是一位阿姨讲给老师听的，我们应感谢阿（ā）姨，出现“ɑ”的一声。

故事是小兔子、小猫、小猴讨论世上什么东西最好吃。小兔子抢先说萝卜最好吃。小猫很奇怪，质问说：“啊（á），萝卜会好吃?”出现“ɑ”的二声。

小猴听了，也说不对，只有桃子最好吃。他们吵起来，谁也不服谁，就找狮子评理。狮子听了以后，说：“啊（ǎ），你们各自说的都有道理。”出现“ɑ”的三声。

最后，小兔子、小猫、小猴子明白了道理，齐声说：“啊（à），狮子说得，对，我们都懂了。”随之出现“ɑ”的四声。然后总结，还可以请儿童复述故事，复习“ɑ”的四声。（略有删改，编者注）

① 中国小学教学百科全书总编辑委员会语文卷编辑委员会. 中国小学教学百科全书·语文卷［M］. 沈阳：沈阳出版社，1993：70. 题目为作者所加。

（一）拟定预设目标

故事教学能充分调动起学生学习的积极主动性，其关键是正确拟定有效的目标。目标为故事教学的灵魂，为教与学指明方向，统领着教学的全过程。如果故事教学没有明确的教学目标，实质就成了一堆故事的简单连接和叠加，课堂表面上热热闹闹，实际上教学效率低下。

要使故事教学的目标具有有效性，制定教学目标要注重层次，从学生的认知规律出发，由低到高，根据不同年龄阶段选择故事，并使之与教学目标契合。目标的科学制定不仅关乎学生的主体性发挥、多元发展，而且会影响故事情境的创设和教学手段的呈现等。因此，准确地拟定教学目标，才能杜绝教学的随意性和盲目性，才能提高课堂教学的实效性。

（二）重视生成目标

在故事教学中，课堂氛围难免会出现过于活跃的情况，学生思维跳跃，生成的问题可能会比往常多，存在许多不确定性。教师如果单纯地根据课程标准、单元目标和课后练习，按照自己的主观理解去拟定目标，是远远不够的。鉴于教与学之间是一种复杂的关系，教学的本质是一个师生互动、共同创造的过程，因此，教师必须充分重视生成性目标，发挥教学机智，使预设性目标和生成性目标有机结合，宏观预期的目标与非预期的教学目标互相支持。故事要为教学服务，做到围绕教学目标和教学重点、难点选择安排故事，切忌单纯地为讲故事而讲故事。

举个例子，在《要是我给老鼠吃饼干》中，教学目标是让学生理解老鼠吃饼干后发生的一系列活动，感受作品联想、推进、反复、变化的过程，了解事物之间的相互联系，并使学生能大胆地表达。而在这个过程中，学生根据生活经验向教师提出课堂以外问题，教师便可以抓住这个问题，正面去引导、教授学生获得其他方面的知识。教师从学生角度出发，达到非预期性的目标，这也是一个有效的故事教学目标。

二、 选材有度

一些人认为，只要是优秀的故事，就可以成为教学内容，其实不然。教师在运用故事教学时，第二个要求就是要注意故事材料的选择，且需从多个角度去衡量故事素材的可用性。

据学情　择故事

《我要的是葫芦》讲述了一个人一心想要心爱的小葫芦长大，认为叶子上的蚜虫与葫芦毫无关联，于是毫不在乎。最终葫芦被蚜虫蛀了，他的愿望也落空了。故事告诉我们这个道理：事物与事物之间关系密切，不可为追求结果而不在乎过程。这样的故事浅显易懂，最适合讲给小学低年级的学生听。

而小学高年级的学生理解能力较强，好奇心强，给他们讲故事，则要选择一些情节比较复杂、曲折的故事，这不仅有助于拓展学生的经验和视野，而且能激发学生的探究欲望和积极向上的情感。比如故事《金色的脚印》，故事一波三折，引人入胜，不仅让学生欣赏了有趣的故事，还让学生感受文中人与动物间的和谐及正太郎的善良，受到人性美的陶冶。透过老狐狸救小狐狸的做法，学生感受到老狐狸和小狐狸之间的不可割舍的亲情，进而感受父母对自己的关怀、爱护，激发学生回报父母的情感。另一方面从正太郎的做法，体会到正太郎的善良，从而受到同情弱者和保护野生动物、保护生态环境的教育。

到了中学阶段，学生的思想较为成熟，他们更喜欢既具有趣味性又有思想性的文章。例如故事《羚羊木雕》，本文通过平凡的家庭琐事，赞美了孩子间的真诚的友谊，提出了如何尊重孩子情感的社会大问题，发人深省。不但能让学生阅读一个精彩的故事，还能让他们从中学会为人处世的道理，从小故事里品味出了大人生。

（一）切合学生认知

根据皮亚杰的认识发展规律，学生的认知规律是存在阶段性的，因此，所选择的故事要符合该年龄阶段学生的年龄与兴趣特点，需激发他们学习兴趣；而且故事理解的难度尽量足以引起他们的兴趣，但又不令其生畏。故事所使用的语言要适合学生的欣赏水平和接受能力，而且可以编排一些适合该学生语言发展阶段的故事，同时锻炼他们的语言能力。

（二）贴近学生生活

著名教育家陶行知先生说："教育以生活中心""生活即教育"。教育不能离开生活，离开了生活，教育就不能称之为教育。因此，所选择的故事最好能激活学生与故事相关的背景知识，故事的情节与学生的日常生活产生共振，可以引起学生广泛的联想，引导他们树立正面的情感和积极的生活态度。如此可让学生更容易投入、深入到故事中去，并能够根据所学的知识展开有意义的讨论，使学习内容与学生个人经历结合起来，帮助他们理解内容。也只有这样，学生才会更加积极地思考，有机会去表达个人的想法，分享个人的经验。要是故事作品与学生的生活经验不相符，脱离了他们的认知范围，那么就很难与学生产生共鸣，从而也难以被学生接受。

（三）强调知识综合

故事所指向的学习任务最好具有综合性，内容丰富，融汇多方面的知识。例如寓言故事教学。寓言极具哲理意味和道德内涵，它由于情节生动且发人深省，容易被中小学生接受。所以，故事教学应注重知识多方整合，有利于学生进行感性想象与理性思维，在综合运用知识过程中，获得知识，陶冶情操，提高文化素养。

三、 组织有序

组织有序地进行故事教学是一种艺术。教师在教学中应始终充当学生学习的促进者、指导者和组织者，从学生角度出发，以教学目标、选材内容为旗帜，组织条理清晰、井然有序的故事教学，真正促进学生全面、充分发展。

借助多媒体，形象化教学

巧借数学课学过的图形，激发小学生的想象力和创作能力；用计算机多媒体创作动画《 方和圆的故事》。

步骤一：播放课件，欣赏故事

播放绘本课件《失落的一角》。一张张简单的白纸上，只有手绘的图形：缺失了一角的圆形。一个圆缺了一角，它一边唱着歌一边寻找那失落的一角。有的角太大，有的又太小，它漂洋过海，历经风吹雨打，终于找到了与自己最合适的那一角，它们组成完整的圆，但是圆发现自己再也无法歌唱，所以它轻轻放下已经寻到的一角，又独自上路继续它寻找的征途……

步骤二：播放图形，讨论问题

正方形、圆形、长方形、三角形等都是好朋友，每天在一起玩，可是有一天，正方形和圆形闹别扭了，你们想知道它们为什么闹别扭吗？最后又怎么样了呢？

步骤三：发挥想象，创编故事

1. 小组合作，发挥想象，创编故事。

人员分工：创编故事情节、绘图、封面和封底设计、装订等。

2. 运用多媒体动画片，提出问题帮助学生理解故事内容、情节。

步骤四：小组展示，师生共评

1. 每个小组选派代表上台分享自己创编的故事。

2. 各小组根据师生的点评，修改并完善绘本故事。

步骤五：师生总结，感悟道理

1. 畅所欲言，说说收获。

2. 感受“人与人相处，要学会宽容，多看别人的长处，弥补自己的不足”的道理。

（一）精心准备，技术辅助

古人云：“凡事预则立，不预则废。”故事教学也不例外，教师要想在教学过程中做到“临危不惧”，就必须做好精心的准备。

首先，教师应该根据故事的内容和特点，组织丰富多彩的活动，让学生观察、分析，体会语言的运用，发展语言技能。比如童话故事教学，可以充分运用面部表情和肢体语言辅助故事教学，还可通过和学生的眼神交流，了解他们对故事的理解程度，引导他们关注或发掘故事蕴含的教育意义，做到有声戏剧化与无声生动化相结合。除此之外，教师可组织学生模仿、朗读或表演故事，加深他们对故事的理解，锻炼他们的语言能力。

再者，随着计算机技术的飞速发展，故事教学可以利用多媒体辅助，效果更佳。多媒体辅助，画面声音相结合，可以使故事的呈现生动有趣，给学生带来强烈的视觉和听觉的冲击，有效地吸引学生的注意力，教师便可有效掌控课堂。

（二）多元互动，心智相生

当前，不少的故事教学存在着单纯讲故事的问题，往往徒劳无功。而多元互动则可有效避免这一问题。

在互动中前进①

教师根据故事的内容特点采用了分层处理的方式，先与学生一起看故事内容，主要通过插图理解的方式，关注故事中出现的人物、故事发生的场景

---

① 范慧玉. 基于语篇的小学英语故事教学思路［J］. 现代中小学教育，2013，（5）：48—51. 题目为作者所加。

等，不断引导学生预测后续情节内容，引导学生把握故事的大意：

Where are they? What animals do they meet? What's the problem? Who help the rabbits?

然后，再利用故事的动画课件，引导学生关注故事细节内容。在学生观看动画之后，教师让学生选出故事中出现了哪些动物，并结合故事的主题，进一步引导学生关注哪些是主人公的朋友，哪些不是。再引导学生思考故事中狐狸喜欢兔子和主人公喜欢兔子是否相同，深入理解故事的意义。

在故事学习过程中，可以看出教师对部分词汇（例如 friends，glasses）给予一定的关注。例如，在理解故事情节的活动中，让学生在插图中找出小熊的眼镜在哪里，既让学生理解了 glasses 的意义，渗透了词汇学习，又没有偏离故事教学的进程。因此，教学始终围绕着语言的意义展开，对词汇的关注从属于理解内容，并没有干扰理解故事内容的主线。而且，教学中采用的教学方式以师生互动为主，学生在教师的指导下积极主动地学习故事的内容。

教师很重视发挥学生的主动性，多给予学生表达自己感受和想法的机会，教师创设了学生与素材间、同伴间、师生间等多元化的互动方式，引导学生理解学习内容，给学生听觉上的满足，帮助他们更快地走进故事文本，促进有效学习。不过，由于故事结构特点不尽相同，互动可以进行适时的调整。

四、 延伸故事， 挖掘资源

陶行知先生说：“千教万教教人求真，千学万学学做真人。”学生学习是为了更好地生活，如果学而不用，则徒劳无益。教师在组织故事教学中，应该通过拓展故事，带领学生不断开发故事资源。例如，为学生提供不同作者同类型故事的解读，推荐同作者不同主题的课外阅读，让学生学会学习，促进他们的发展。拓展故事内容，给学生提供想象的空间，这时，应鼓励学生异想天开，引导学生深入生活，学以致用。

第二节　故事教学的实施步骤

叶澜教授说："当学生精神不振时，你能否使他们振作？当学生茫无头绪时，你能否给以启迪？"而采取学生喜闻乐见的故事教学能调动学生积极投入学习活动，激发他们的学习兴趣，从而有效提高教学效能。要使故事教学不失为一种行之有效的教学方式，可以考虑运用三步走的思路，打造高效课堂。

一、巧设计，进活力

美国教育家梅瑞尔认为，"教学是一门科学，而教学设计是建立在这一科学基础上的技术，因而教学设计也可以被认为是科学型的技术"。那么，针对教与学的双边活动，应如何设计才能有一个合理系统的故事教学过程，其成功的关键是什么呢？

用趣味故事巧妙导入教学①

在语文教学中，常常会有些课文内容与一些极具趣味的历史故事有紧密的联系。教师可以巧妙地运用这些历史性的故事，吊起学生的胃口，让学生饶有兴趣地参与学习。当然，教师要设计好这一故事，在最接近高潮的地方停顿，引出教学内容，并将故事的下文渗透在教学过程中。

例如，在学习《声声慢》这首词时，我们可以讲讲它背后的故事。作者李清照是我国古代难得一见的才女。小时候，她就受到了良好的文学熏陶，因为父亲李格非藏书多，也爱看书，所以李清照耳濡目染，打下了良好的文学基础。李清照创作的作品与她的生活有着紧密联系，例如在之前的悠闲生活中，所创作出来的词也多是描写美好爱情和自然景物的，在词中也会流露出生活的美好。而在后期的创作中，则充满了感伤。

① 严晓燕. 在高中语文教学中巧妙应用趣味故事［J］. 中学语文教学参考，2015，(27)：53. 题目为作者所加。

从《声声慢》这首词中就可以看出当时她面对国破家亡、无处安身所表现出来的苦闷。当时北宋灭亡，夫君赵明诚南下奔丧，不久，李清照前去会合，但所见是所藏书籍因兵变被焚，国家灭亡。在这段时间，她的丈夫也因病去世，她的内心再次受到重创。这首《声声慢》就是在当时所作。

讲述了这段故事以后，相信会让学生更加愿意去学习这首词，了解这段历史，也会方便学生理解这首词的意思。（略有删改，编者注）

（一）据目标

在实施故事教学活动之前，重在设计，这样才能建立起层层递进、环环相扣的教学过程。具有实效性的教学设计是离不开依据目标进行的。教师应宏观地把握教学目标、教学重难点，注重把故事意蕴转化为实际情境中的应用，安排与之辅助的教学手段，充分利用教育资源，从整体感悟到精细品读，达到学生喜闻乐见的最佳境界。

（二）据学情

首先，故事教学有序地进行的关键之一，便是按照学情分析去设计教学环节。教师应该始终如一地以学生为主体，根据学生的步调进行教学设计，打破沿用着“教师讲故事，学生听故事，教师讲完提重要的问题，帮助学生理解故事，最后再一起复述故事”的模式，使教学变得生动有趣。比如，可以安排学生的座位呈U形等，师生更容易打成一片。轻松活跃的环境既能使学生有效投入到倾听故事中，同时又容易听懂故事、获取知识。

再者，必须分析学生情况。一切教学的开展都应该以学生自身的兴趣和需要为出发点，合理设计富于趣味性、逻辑性的故事内容，添加符合孩子天性的元素，如游戏环节等。有组织、有计划地进行预设活动，才能确保故事教学有序进行，才能真正引导学生理解故事的真正意蕴，让学生在极富幻想的情境中，天马行空，任意想象，没有束缚，放飞翱翔，把主动权真正地交与学生。只有这样，学生才能在故事教学中获得情感、幻想和愿望的满足，故事教学的内涵才能得到不断地延伸与发展。

二、靠过程，唤生机

教师需要帮助学生运用已有的知识经验，引导他们主动探索，不断交流与进行思维碰撞，从而建立新的认知结构。教师要从导入、感知、拓展等方面去考虑故事教学的开展，找出每篇故事的关键点，以引起学生注意，让他们能主动投入到故事中去，加深学生对故事内容的理解和记忆。

听故事讲故事[①]

步骤一：师生谈话，导入新课

同学们，你们爱听故事吗？今天，老师给大家讲一个有趣的成语故事。

步骤二：明确要求，听讲故事

1. 老师有几个问题，请大家边听边想。

课件出示问题。（学生小声读）

（1）这个故事的主人公是谁？

（2）他干了一件什么事？

（3）故事的发生、发展、结局是怎样的？

2. 大家弄清楚了吗？请大家仔细听故事。

（课件出示动画《一叶障目》的故事）

［设计意图：利用多媒体播放本故事的动画，引发学生学习的兴趣，使学生对学习内容产生积极的注意倾向，并激起热烈、持久的情绪，使学生思维活跃，勇于表达自己的观点，积极参与到课堂中来，真正体现了以学生为主体、以学生发展为根本的创新教育思想。学生在欣赏动画的同时要求学生带着问题去思考，既培养学生倾听故事的能力，又给学生提供想象再创造的

---

① 鲁春香.《听故事讲故事》教学案例［EB/OL］.［2014－12－12］：新浪博客，http://blog.sina.com.cn/s/blog_6481d5c30101iu8j.html.

空间]

步骤三：小组交流，故事比赛

1. 师：故事听完了，感受如何啊？用你的表情告诉我。（生笑）准备讲故事啦。讲之前，请大家弄清讲故事的几点要求。

课件出示讲故事要求。(请一名学生大声读)

(1) 把故事的主要内容讲清楚。

(2) 话、表兼顾。（“话”指讲故事的人直接叙述故事的情节和内容。“表”指讲故事的人运用自己富有感情色彩的声音、动作、表情等，把故事中人物的性格、思想感情形象地表达出来，把故事发生、发展的环境气氛渲染出来）

(3) 说说你听了故事后的感想。

[设计意图：本环节是本节活动课的重点。以“话表兼顾”这一讲故事的方法为突破口，让学生掌握讲故事的真谛。学生通过自己讲故事和评价别人讲故事得以应用]

2. 评选“讲故事能手”。

评选分三轮进行：

第一轮“海选”：每个同学在你所在的小组进行初赛，你所在小组的成员就是评委，每个小组选一个人进行第二轮比赛。

第二轮“淘汰赛”：第一轮选出来的选手自由组合，选一个对手进行“PK”，评委就是这两个选手所在的小组成员，淘汰一个，留下一个进入决赛。

第三轮“冠军争夺赛”：评委就是全班同学，教师就是记录员。（要求学生说出评选的理由）

步骤四：教学小结，巩固学习

听故事、讲故事是一件很有趣的事，它不仅能培养我们认真倾听的习惯和能力，还能锻炼我们与人交往的能力以及口头表达能力。

步骤五：布置作业，深化、升华

把《一叶障目》的故事讲给你的父母听。

（略有删改，编者注）

（一）导入

俗话说，好的开始是成功的一半。导入，即吸引学生进入故事，导入故事情节。教师可根据故事的分类，利用游戏、歌谣、教具等为讲述故事做准备。随着学生年龄的不断增长，他们能够保持有意注意的时间随之增长，但是这个时间可能不是很长。因此，在开篇之处就引起学生学习的兴趣，是至关重要的。好的导入有助于学生了解故事背景知识，减少学习障碍，集中他们的注意力，营造一种适合学生积极学习的气氛。

（二）感知

在整体感知故事内容时，教师可以利用肢体语言、音乐、图画等视觉与听觉的多方位输入，使学生对整个故事有一个宏观的、整体的认识。在此过程中，教师要引导学生思考，并激发他们去想象，带领他们理解故事，学习故事，扫除语言障碍。在精细品读故事内容时，教师可以通过提出一些与故事内容有关的问题，激发学生思考，让他们一步一步探究故事内涵，最后教师进行提炼和总结，再引导学生讨论交流，加深感知。

（三）拓展

故事感知结束后还不应完结，还需要进行延伸与扩展。为了加深学生对故事的理解以及对故事的创新性思考，可以为学生安排一些与之相适应的拓展任务，比如：让学生对故事进行续写，或者是对故事进行改编，再让学生讲或演自己创作的故事。这样，在提高自己对故事本身的理解、融入自我思考的同时，也无形中提高了学生的语言能力和创新能力。并有助于突破思维定势。

三、重反思，生智慧

教学实施的最后当然少不了至为重要的步骤——反思，思考教学目标是否达成，哪些地方还需要改进，哪些地方是成功的经验等。

《角的初步认识》教学反思 ①

数学教学要以先进的教学理念和科学的数学思想为指导，努力创设宽松愉悦的课堂环境，让学生在玩中学、乐中学。在组织课堂教学时，教师要掌握学生现有的生活经验，了解学生的知识水平，关注学生的实践活动能力和直接经验，让学生能全身心地投入到新课程的学习中，落实学生的主人公地位，使课堂真正"活"起来。这个"活"主要体现在活用教材，灵活教法、学法上。

1. 活用教材。

新课标提出教师在课堂教学中要创造性地使用教材，是用教材教而不是教教材。要结合小学生的心理接受能力和年龄特点，创造性地运用教材，进行合理拓展和延伸。对于那些有开放性的知识，尽量给学生提供自己探索的时间和空间。《角的初步认识》这节课的内容体现生活化的部分比较多，很多生活中的素材都与角有关，比如自行车的三角形架涉及角，钓鱼时鱼竿和地面之间形成了角等等。因此，在上课开始，我先让学生观察生活中的一些实物，从中找到有关角的素材，让学生经历数学知识由抽象到具体的过程，从中感悟数学概念就在生活中间，和我们密不可分。这样导入，引导学生从数学的角度去观察和解释生活，以学生已有的知识、经验为出发点，把数学教材与生活中的数学知识相联系起来，体现了"数学来源于生活并服务生活"的教学原则。学生在产生浓厚兴趣的同时，形成学习动机，并借此开始探究。

---

① 邓双艳.《角的初步认识》教学反思 [J]. 学周刊，2012，(12)：108－109. 本处有删改。

教师在教学过程中，应尽量为学生提供自由探究的空间。如教师在设计课堂教学时，应留有余地，给学生自我拓展的机会。教师只是教学的指导者，主体是学生，让学生在教材的提示下，自己搜集相关信息，学会小组合作学习和探究式学习。对教材上的知识点，只要学生自己能学懂学通的，教师坚决不讲，对于学生理解有点困难的知识点，让学生进行合作学习；需要制作学具的，可以指导学生进行尝试课外探究，这样更有利于激发学生的学习欲望和探索精神，也是对教材的有效延伸。

另外，灵活运用教材上的课堂训练题目，教师应精选例题、习题，进行科学取舍，每节课都应扎扎实实完成教学目标。尤其是经典题型，更应随学随练，做到有针对性训练，及时反馈学生掌握情况，打造高效课堂。

2. 灵活教法。

我们都知道“教无定法”。在新课标理念的指导下，我始终运用启发式教学法，尽量以生活中的数学资源作为切入点，引导学生积极思维，做到举一反三、触类旁通。如在《角的初步认识》的教学时，我让学生观察教室中哪里有角的存在，观察身边的物品。这样启发，几乎所有学生都能发表见解。为了有效调动学生的探究欲望，我借机提问：“你们都找到了生活中的角，你知道角的概念吗？角有哪些特点？怎么分类你们知道吗？”这样提问，学生纷纷讨论起“角的知识”。通过合作交流，学生基本把相关知识点找得差不多。这样教学，学生的主体地位作用得到有效落实，学生爱学、想学、会学，学生的综合能力得到很好的培养。本节课教学过程由浅入深，环环相扣，循序渐进，注意了知识结构的建构，促进了学生认知结构的形成。

3. 灵活学法。

方法是学习的助推剂，好的学习方法会收到事半功倍的学习效果。如在教学时，引导学生走进教材情境，亲自体验数学过程，及时分析总结。比如，在《角的初步知识》教学时，我特意安排学生自己制作不同大小的角的学具，上课时自己展示角的有关概念，让学生自己边讲边演示，哪个是边，哪个是角，哪个是顶点；什么样的角是锐角，什么样的角是钝角，什么样的角是平角或周角。在探究角的大小与边长有无关系时，我让学生制作多个边长不等的角，让学生亲自探究，从中发现问题，有效培养了学生的探究能力和创新思维，为学生的终身学习奠定基础。（略有删改，编者注）

（一）多元评价

随着新课程理念的提出，与故事教学对应的评价方式也发生变化。教师应该建立多方面并重的评价体系，建立有据可依的评价标准，注重全面、科学去评价学生，关注学生的成长、关注学生学习过程。例如，采取成长档案评价模式，根据学生的课堂表现，如朗读故事、复述故事、表演故事甚至创编故事等方面给予综合评价，辅之必要的口头表扬，最大限度地激励学生。对学生进行多元评价，能够科学地判断学生的学习状况。

（二）画龙点睛

故事教学从建构、感知、拓展、运用等方面促进学生构建知识，而最后的总结则是画龙点睛之举。教师需要引导学生归纳知识与方法，反思故事带来的思考，从而内化为学生自身的认知。教师还应不断总结与反思自己的教学，发掘可利用的教学资源，将教学不断优化与创新，开展多层面的教学，调动学生的学习热情，进一步提高教学效果，帮助学生有效学习。

（三）精益求精

华东师范大学叶澜教授认为：“一堂好课没有绝对的标准，大致表现在 5 个方面：有意义，即扎实；有效率，即充实；生成性，即丰实；常态性，即平实；有待完善，即真实。”这说明，再精彩的课堂也会有瑕疵，再出彩的教学模式也有需要提升的地方。故事教学需要教师引导学生积极主动地参与教学，而不仅仅是被动地听故事讲故事等。而使故事教学富于趣味性和启发性则具有一定的难度。目前，故事教学需要走出局部性、个人化、难深化的困局，这就需要广大教师在教学实践中创新教学理念和方法，将相应学科内容与合适故事相结合，使故事教学更上一层楼。

第三节　故事教学的实施技巧

捷克教育家夸美纽斯指出，“兴趣是创造一条欢乐和光明的教学环境的主要途径之一。”不难发现，几乎所有的学生都喜欢听故事。如何把故事融入教学，让学生产生好奇心，形成兴奋的状态？故事教学必须遵循教学规律，符合学生的认知习惯，加之妙用技巧，才能为教学所用。

一、施教有招，各式相融

每一种教学方式都具备自身的优势，但必然也存在局限，故事教学也并不例外。故事教学可以兼容其他的教学方式，吸取他人长处，弥补自身不足，取长补短，把故事教学发挥到极致。这样，才有可能让故事成为学生学习的催化剂，激发他们的学习兴趣。在教学过程中，教师应根据学生实际情况，综合运用各种教学策略，让学生积极主动地参与到学习活动中去，比如采用游戏、竞赛、扮演等。

（一）图片式

利用图片展开故事，如教师出示图片并提问：

T：What can you see in the picture?

S：I can see a cat and a mouse.

T：Cat is hungry. Where is the mouse?

S：It's in the box. It's under the desk...

教师通过几个简单的图片，运用了猫抓老鼠的故事，非常自然地运用了

Where is… It's in/on/under/behind… 的句型。

(二) 任务式

在故事中融入任务，并在故事展开的过程中逐个抛出任务。给学生以新鲜感的同时，提出教学要求。例如，圣诞节到了，圣诞老人带来了许多礼物。这个时候同学们必然充满了好奇，教师就逐个打开礼物，当然在礼物里装的是一个个的习题。

(三) 逐步式

故事可以成为教学的线索，贯穿课堂教学的始终。在教学展开的过程中故事逐步展开，教学内容教完了，故事也讲完了。例如，在教授颜色时，教师取出 apple、banana、watermelon 引出了 red apple、yellow banana、green watermelon. 但是不久水果失窃了，随着 black cat（黑猫警长）、blue car（警车）的出现，学生的学习兴趣也被教学内容所吸引，在不知不觉中跟随着故事的步伐学习了语言知识。

(四) 游戏式

在故事中运用游戏的技巧，可以使故事更具有意义和趣味性。例如在低年级操练 cat 和 mouse 这两个单词的时候，可以请两个学生分别扮演猫和老鼠，在课堂上玩猫捉老鼠的游戏。支持猫的同学可以大喊 Come on cat，支持老鼠的同学大喊 Come on mouse，这样的游戏方式不但增强故事性，而且也是语言运用的体现。学生乐意玩，也愿意学。①

除了以上方式，教师还要发挥主观能动性，实时作出调整和改变。比如，由于学生的表演能力和表演欲望都比较强，教师可以抓住这个特点，结合教

---

① 石悦. 小学英语“三精”故事教学模式研究［D］，宁波：宁波大学，2013 年硕士学位论文.

学内容，让学生将重要的情节演出来，以此来掌握学习内容。再者，教师可以采用多媒体的形式呈现故事情境，将声音影像结合起来，使学生的视觉和听觉都能受到冲击，吸引学生进入教学中。

二、施教有方，适当改编

要使故事教学出彩，除了借助其他教学方式，另外的“必杀技”便是不拘泥于原有故事情节。试想，在课堂上，如果教师讲的故事和学生熟知的故事一模一样，学生还会喜欢吗？学生还有兴趣听吗？教师不妨改编学生熟悉的故事，不按常规走，充分发挥教师和学生的想象力，一起参与故事的编写。必要时，教师对学生进行引导与帮助。

适当改编，快乐阅读①

教师根据伊索寓言《兔子和乌龟》，从兔子的角度看是骄者必败，从乌龟的角度看是坚韧不拔，定能胜利。但也可以加以改编，《兔子和乌龟》开头三段仅六七十个字，改写者将原作兔子“夸耀自己跑得快”（“夸耀”一词，幼儿就难以理解），改成兔子说的话：“走得真慢，你那四条腿是管什么用的？瞧我的！”“瞧我的四条腿跑得多快，我的本领有多大啊！”“夸耀”一词变得生动形象了，幼儿也理解了。再通过“兔子跑得像飞一样，一眨眼已经跑了长长一段路”“一米就是好几步远”，把原文的“快”字具体而形象化了，并且增强了对话和神态的描写，使人物的个性也突出了。

在《龟兔赛跑新编》故事中，兔子在第二次赛跑途中又如前次一样，回头望望那看不见的乌龟时，骄傲的心情又油然而生。它又想起前次输掉时的狼狈相，于是兔子从第一次失败中吸取教训，克服了骄傲自满的缺点，认真地对待了第二次的比赛，又飞快地跑了起来，终于赢了。情节的重复，可以加深幼儿对主题的认识，让幼儿明白，犯了错误、有了缺点，只要改正，还

---

① 郁峻峰．漫谈幼儿文学教学中的故事改编［J］．苏州教育学院学报（社会科学版），1997，（12）：129－131．本文略有改动。

能争取成功，仍是好样的。（略有删改，编者注）

(一) 结合文化

新课程标准明确提出，在教学中要注意文化意识的渗透。故事教学更多地关注人与自我、社会、文化的关系，教师可以从中外著名童话、科幻故事中大量取材，根据教学需要和学生的认知水平进行改编，将中西文化的精华融入故事，使学生通过生动有趣的故事接受不同文化的营养。这样，既可以受到本国厚重文化的熏陶，又能感受外来文化的魅力，有利于陶冶学生的情操，开拓学生的视野。

(二) 融合学科

为了使故事与教学有机融合，教师要全面掌握故事的要旨和教学的目标，并对教学内容进行创造性的重组和整合，改编出有别于原有情节、融汇了知识点的故事。故事种类繁多，涉及社会、地理、历史、自然等多方面的知识，这有助于各学科之间的渗透、融合，促进学生启示和思考，更好地达成教学目标。

(三) 预留时间

一方面，教师预留足够的时间给学生进行自主学习，让学生通过故事理解知识，运用知识，并把知识内化为自己的知识体系；另一方面，教师预留足够的时间给学生进行合作学习，通过交流碰撞，从创新的角度重构故事，并尝试用自己的语言进行讲述，以提高学生的创造性思维和创新能力。

第三章　幻想魔棒：童话故事教学

童话，英文为“fairy tales”，意思是“神话故事，童话；谎言”。在我国，“童话”的概念被认为是指“符合儿童想象方式的、充满幻想色彩的神奇故事”。童话根据儿童的心理特点，通过丰富的幻想以及夸张的手法来塑造人物形象，以动人曲折的故事情节和通俗易懂的语言来反映现实，抑恶扬善，从而达到教育人的目的。同时，表达了人们美好的向往与追求。童话作为一种独特、深刻的文化艺术形式，带有人类原始思维的印记，伴随着人类的发展，折射出人类的智慧，表达人类的美好愿景。童话的魅力，来自于丰富奇异的幻想，趣味的表达方式以及美妙的童年梦想，因此，引导学生欣赏以及学习童话，有利于提高学生的审美情操，在欣赏、阅读童话的同时，获得美好的情感体验。童话故事教学满足学生追求美好的心理需要，使学生获得心灵的启示；同时，童话充满奇妙的幻想和荒诞有趣的情节，容易激发学生产生情感共鸣，产生阅读兴趣。

第一节　童话故事教学的适用规则

“没有规矩不能成方圆”。任何事情都要有一定的规矩、规则和做法，否则难以成功。童话故事教学也有其适用规则，教师只有紧紧把握其适用规则，了解其使用方法，才能取得教学的成功，否则会适得其反。

适用才能最有效①

步骤一：准备活动

师：同学们，我们在开始上课之前先唱一首歌好不好？

生：（异口同声）好。（课堂气氛热烈，学生注意力集中）

讲“The Big Bad Tiger”之前，教师把“Ten Little Indians”的歌词改成了“Ten Little Fat Pigs”。先唱了一首关于小猪的歌曲，集中学生的注意力。在开始童话故事教学时，我们可以先唱一首歌曲，或用游戏的形式复习单词或句子，或是问一些与故事内容相关的简单问题，以导入故事情节。

步骤二：呈现过程

1. 唱完一首关于小猪的歌曲，介绍故事名称。

师：“Do you like pigs?”“What do you know about pigs?”“What about tigers?”

学生各自发表自己的意见以及看法，课堂气氛活跃自由。

教师介绍故事名称，让学生说说有关的话题，能说多少是多少，还可以借助一些图画和手偶教具的帮助。这样既可激起学生的好奇心，又可让学生发挥想象力，使他们更早进入故事情境中。

2. 教师讲故事。教师运用肢体语言、动作、不同的声音和面部表情进行讲故事。

---

① 陈如丽. 浅谈“故事教学法”[J]. 中小学英语教学与研究，2004，(7)：41－44. 本文有改动，题目为作者所加。

利用图片、实物、面具、手偶等讲故事。

自己边讲边演或边讲边指导学生表演。

利用声音效果。

必要时，母语和英语相结合。

遇到重点词可作适当的解释。

一些语法条目可当做词汇教学。

步骤三：学习操练

师：同学们，刚刚老师讲的故事精彩吗？

生：精彩！（欢呼）

师：同学们能不能也给老师讲一讲这个故事呢？老师也想听这个故事，行吗？同学们试一试好不好？

生1：我愿意试一试，我觉得这个童话故事好有趣！

生2：我也要试！我要讲故事给大家听。

生3：我也要试一试！

学生学习兴趣浓厚，同学们在教师的帮助下进行复述故事以及进行小组练习，例如：在教师的指导下，学生们进行童话故事的复述练习，教师可以用图片、故事书、电脑课件、实物等帮助学生进行复述；或出示主要的词句，让学生利用词句把故事情节串起来。

步骤四：拓展活动

拓展活动是多种多样的。例如表演故事，让学生表演故事情节，学生就会拥有运用新语言的机会，既可以训练学生流利的表达能力，又培养了他们的合作精神。可以让学生朗读他们最喜欢的句子，或选择最重要的词句与伙伴一起朗读，或回家讲故事；还可以让学生自己编故事、做故事书等。

（略有删改，编者注）

紧握适用规则准绳，打造高效课堂。教师只有具备了掌控童话故事教学的素质，才能很好地实施童话故事教学，有效达成教学目标。在课堂上，教师并非只有单调地说教，还应唤起学生的探究激情，激发学生的学习动力，使学生感受童话故事之美并体验获取知识的乐趣。

规则一：从教师角度看，需要高质素

童话故事教学下的课堂，是一种活泼自由的课堂。在课堂中，教师以讲童话故事的形式进行教学，开展一些与教学密切相关的童话游戏、童话复述以及童话表演等。这些教学的实施，需要课前精心的准备，比如挑选与教学相关的童话故事，设计与童话故事相应的教学思路，以及讲故事的方法，表演故事的技巧，掌控课堂的能力等。

比如，一位教师在讲述英语第三人称单数形式这个语法点时，采用了《孙悟空打妖怪》的故事帮助学生去理解其中的意义。但是这位教师在课前没有做好课前功夫，也缺乏讲述童话式故事的基本能力，使得整个课堂乱哄哄的。游戏、故事之后，留下的只是学生的嘻嘻哈哈，学生并没有真正学到知识，童话故事教学没有取得预期效果，是教学败笔。教师只有拥有厚实的专业素质，娴熟运用童话故事教学时，才能发挥其应有的作用。

规则二：从学生角度看，需要符合心理

学生是学习的主体，进行童话故事教学，必须熟知学生的心理特征，以及兴趣爱好特征，找出最适合使用童话故事教学的契机。有相关研究表明，处于不同年龄以及不同心理阶段的学生，对于故事的指向性有所差异。学生倾听童话故事的最佳年龄为四到十二岁，也就是说，学生在低年级时，容易被这些充满趣味以及拥有完整情节的童话故事所吸引，这时候使用童话式教学，将获得良好效果。

比如，一位教师讲《圆的周长》一课，运用了《龟兔赛跑》以及动物王国几个童话故事进行教学，并在课堂上配以生动的图片，力使教学显得生动有趣。但是，无论这位教师如何努力，也没有办法激起学生进入学习的欲望。

学生在讲台下面嘀咕着说："又是动物王国……""这种故事我们都听了几十遍了，还把我们当小朋友看呀。"之所以产生这种不良的教学效果，是因为教师没有认真分析学生的心理特征，没有掌握童话故事教学的适用规则，使得教学目的适得其反。即使在高年级中使用童话故事教学，也应增加故事的难度以及挑战性，注重学生的情感体验，关注学生的内在需求，从而让他们的学习变得丰富多彩。

第二节　童话故事教学的运用方式

教学除了强调知识与技能的讲授，还要注重过程与方法的选择，并且要关注学生的情感教育、态度、价值观的培养。传统的"满堂灌"授课方式与童话故事教学有着很大的区别。童话故事教学注重知识传授的灵活性，力求以一种有趣生动的故事展开教学，强调让学生在故事中体验情感，掌握新知识，在快乐中学习。长期以来，在"满堂灌"教学中，教师习惯性地把一些知识"塞给"学生，学生被动学习，习惯于"被灌注"，很少让自己在特定的情境中去探究、体验，久而久之，就失去探究知识的能力，对学习产生厌倦。古希腊教育家普鲁塔戈说："头脑不是一个要被填满的容器，而是一个需要点燃的火把。"而童话故事教学就是一把火把，点燃教学之光。不少教师在教学过程中运用童话故事教学，让学生在故事中思考、体会、分析，尽量让学生自己去发现、经历，感悟，以此掌握新知，实现教学目标。

方式一：教师主导，恰当运用

在童话故事教学中，由于学生缺乏学习整体把握能力，在学习中会遇到不少问题，难以独立开展学习活动。因此，要想真正提高教学效率，提高学生的学习参与度，教师的合理引导就显得尤为重要。在教学过程中，教师如果选择童话故事不当，对学生放任自流，则教学效果堪忧。教学过程应是教师主导、学生主体的过程，教师应体现主导作用，把握教学方向、恰当运用童话故事，并通过童话故事调动学生的学习热情，让学生在童话故事情境里产生知识联想与情感共鸣，唤醒学生“我要学习”的学习动机，使之有效获得知识。

教师主导才生效①

在教学PEP教材三年级上册Unit 3“Let's Paint”这一课时，教师没有单纯死板地教授7种颜色，而是把7种颜色用在学生熟知并感兴趣的7种物体身上，并把它们串成一个既贴近生活又有趣的“red hat”（小红帽）的童话故事。一上课，教师就对学生说：“同学们，今天我要给你们讲一个有关the little red riding hood——小红帽的故事。”这时，教室里有了一阵小小的骚动，不少学生对小红帽的故事是很熟悉的，所以学生学习兴趣被调动起来了。通过童话故事的串联，学生学起blue，red，green，yellow，purple，white，black这7种颜色也格外地轻松。学生一方面被故事的发展所吸引，另一方面又急于想知道这些他们在生活中所熟知的事物的颜色该如何用英语表达。学习的兴趣和积极性都达到了高潮。这使得原本枯燥又容易混淆的7个颜色的单词具体清晰了起来，取得很好的教学效果。

教师紧扣“让学生掌握7个颜色”这一教学目标，结合学生的具体情况，给学生讲一个与知识相关的童话故事，极大地调动了学生学习新知识的兴趣。教师主导教学，恰当运用童话故事教学，较好地达成了教学目标。

一、紧扣教学内容，恰当组织教学

在童话故事教学中，教师要想有效地主导教学，引导学生有效学习，就必须紧扣教材，根据教学目标以及任务，选择恰当的童话故事进行教学。童话故事是为了一定的教学目标而服务的，就其相关的教学内容来看，要求教

① 陶宏莉．运用童话故事辅助英语课堂教学的策略研究［J］．教学月刊（小学版），2011，(7)：11-13.

师深入探究教材，挖掘与童话故事切合的知识点，并且建构相关的知识体系。倘若教师不熟悉教材，仅仅是胡编乱造一个童话故事，与教材内容联系不大或牵强，故事只是流于形式，则会使教学效果适得其反。在使用童话故事教学之前，教师要注意挖掘教材的内涵以及显著特征，要以一种敏锐的专业目光，选取一些与教学内容联系密切、有助于教学目标实现的童话故事。善于发现有利于学生掌握知识的童话故事，并且以灵敏有效的教学思维主导教学，是有效提高教学效率的方式之一。

二、营造乐学情境，促进主动学习

心理学研究表明，教学环境与学生学习有必然的联系。这里的教学环境主要指心理环境和教学情境。只有在民主、愉悦的课堂气氛下，学生的学习才会热情高涨，对教学参与的积极性也会随之提高。教师主导教学，必须着力营造一个乐学的情境，方能促进学生乐于学习。因此，教师在教学中要营造一个乐学的教学氛围，精心准备每一节课，把书本知识转变为丰富多彩的童话故事，使学生在童话故事的魅力感染下得到启发，并主动学习。需要注意的是，教师给学生讲授童话故事时要注意表情、语音语调的使用，尽可能给学生营造一个乐学、宽松的氛围，促进学生在轻松愉悦的情境中积极学习，更好地掌握知识。

三、把握学生学情，优化课堂教学

学生是独立的个体，是具有个性、充满活力的思想者。在教学活动中，教师应根据学生的实际情况以及认知水平，制定学生能达到的学习目标。在达成教学目标的过程中，教师应尊重学生的主体地位，对不同层次的学生提出不同的要求，使他们都获得童话的乐趣，并从中产生学习热情。教师应尽量为学生的个性发展创造空间，充分发挥他们的主动性与积极性，最终达成教学目标。

方式二：学生主体，积极参与

新课程强调以“学生为主体”的教学理念，提倡“自主、合作、探究”的学习方式，追求“一切为了学生发展”的教学宗旨。这就要求教师创新教学模式，充分发挥学生学习的主观能动性，调动学生主动参与教学的积极性，使学生成为学习的主人。此外，教师要尊重学生的个性差异，适当采取童话故事教学，培养学生的想象力以及接受新知识的能力。童话故事教学，要求教师“以生为本”，根据学生的具体情况进行教学。

以生为本①

（屏幕动画先后出示白雪公主、七个小矮人）

师：请看屏幕——森林里，有一位漂亮的公主，是谁呢？她有几位好朋友，又是谁呢？

生：七个小矮人。

师：数一数，七个小矮人都来了吗？

（随着学生数数，屏幕出示1至7，再在七个小矮人手拿气球中出现7、14、21三个数）

师：七个小矮人，他们每人手拿一只气球。你能看出气球上的数是怎样排列的吗？

生：后一个比前一个多7。

生：第一个数是7；第二个数是7+7，2个7相加是14；第三个数是21，3个7相加是21。

师：接着往下写，是哪些数呢？

（学生回答28，35，42，49。屏幕中出示各数，教师追问是怎样想的）

师：我们一起把这一列数读一读。

---

① 佚名．小学数学教学故事［EB/OL］．［2014－12－12］：阳光灿烂博客，http://blog.sina.com.cn/ s/blog_662095770100ljuu.html．题目为作者所加。

（学生读 7，14，21，28，35，42，49）

师：这些数都与几有关系呢？

生：7。

师：从这一列数中，我们能看出：一个 7 是多少？2 个 7 呢？“21”是几个 7？几个 7 相加得 28？……

（学生回答后教师组织学生看着屏幕中的数说一说：1 个 7 是 7，2 个 7 是 14……）

师：今天这节课如果我们学习乘法口诀，将学习——

（随着学生回答完成课题板书：7 的乘法口诀）

（略有删改，编者注）

特级教师贲友林根据学生的具体学情及其认知特点，通过创设生动活泼的童话故事情境，给学生以身临其境的感觉。学生积极参与学习，享受学习乐趣，获得新知。

一、 着眼学生， 激发兴趣

学生是主体，教师的任何教学决定最终都以学生为取舍。只有着眼于学生的具体情况，根据学生的具体认知水平以及学生发展的需要，选择与学生的年龄和心理特点紧密联系的童话，才能激发学生的学习兴趣，促进学生在童话世界里找到与知识内容的联系，积极参与教学，由此掌握新知。

二、 尊重差异， 促进发展

学生是独立的个体，教师要充分尊重学生的个性差异。对不同层次的学生，采取不同的教学方法；对于不同的教学内容，运用不同的教学模式。教学方法不宜过于陈旧，教学模式不要过于僵化，应敢于创新，这样才能真正做到尊重学生的个性差异，促进学生自身的发展。

三、关注情感，呵护成长

情感是指人喜怒哀乐的心理表现。现代认知心理学表明，人的认知与情感是密切联系的，情感是认知发展的动力。由情感所构成的心理状态具有两面性，它激发学生的学习热情以及好奇心，或抑制其积极性。因此，教师必须做到心中有学生，必须关注学生的情感状态，利用童话故事本身具有的因素来调动学生的积极情感。从学生的兴趣、爱好等去考虑教学，适时给予学生疏导，使学生的学习状态达到最佳，让学生在最佳的情感状态下发挥想象力，突破思维障碍，提高学习效率。

方式三：小组合作，探究求知

小组合作，探究求知，就是在学生初步感知童话故事的基础上，抓住故事的核心，以小组为单位进行复述或表演，让学生自我感悟，获得新知识。在童话故事教学中，教师应鼓励学生进行合作学习，并在合作过程中产生思维碰撞的火花，获得启发，体验快乐，最终实现教学目标。

合作探究出新知①

在教学 PEP Book6 Unit 6 Fishing 时，教师在给学生讲完童话故事，以及学生对童话故事有一定了解的基础上，根据故事情节设置四个相关场景，并选出三组学生，每组 2～3 人，分别饰演 Zoom，Zip 和 Frog。教师播放故事录音，学生分角色表演故事（学生不需说出对白，只需对口形即可）。此活动可以让学生集中注意力，关注故事表演。在此基础上的语言表达活动对训练学生的英语语感有很大帮助。故事表演使学生展开了丰富的联想，他们由故事中的池塘想到了森林，由青蛙想到了人与动物的和谐相处。（略有删改，编者注）

教师通过小组合作，让学生表演故事，激发了他们学习的积极性，较好

---

① 王建凤．运用“四步故事教学法”培养小学生英语语感 [J]．基础教育研究，2006，(8)：35—37．

地掌握了知识，可谓事半功倍。通过合作学习，有利于增强学习的趣味性，并且通过取长补短，获得共同进步。

一、复述故事，体验新知

复述故事是指学生在理解和记忆的基础上，把童话故事的内容加以整理，用自己的语言，有重点，有条理，有感情地叙述出来。复述故事是学生的一种自主学习行为，可以促使学生在感性认识的基础上去熟悉故事，研究故事，从而理解知识，掌握知识。由于是兴趣所在，这就容易激发学生的内驱力，获得更多的自主性。教师在讲完一个与知识相关联的童话故事后，可以合作的方式让学生复述故事，强化对旧知的把握，以及对新知的理解。叶圣陶先生说："教是为了最终达到不需要教。"教师让学生互相交流和复述故事，目的在于促使学生共同进步，从中构建知识意义。

二、角色扮演，诱发求知

把知识学习与童话表演相结合，以诱发学生求知欲望。一方面，表演故事是输出语言，用所学的语言进行交流，达到培养学生综合运用英语能力的目的；另一方面，教师可以检查学生对知识的掌握情况，对于重点、难点，教师可作进一步强调，让学生加深理解和记忆。[①] 卢梭说"经验和接触是真正的导师"。教师通过组织学生进行角色扮演，接触童话故事中的人物，体验故事中的人物情感，从而诱导学生求知，真正让学生体现"用中学，学中用，学以致用"。学生通过故事角色扮演的体验，摈弃对知识的死记硬背，让学习充满乐趣，这是新课改致力追求的目标。

三、续编故事，深化认知

学习知识的最终目的是为了运用，童话故事教学更是如此。教师在讲完

---

① 余素珍．小学英语的故事教学［J］．黑龙江教育（小学文选版），2005（1）：63－65.

精彩的童话故事后，可以根据学生的具体情况，要求学生根据所学的知识对故事进行续编、改编等，使学生能够在原有的知识基础上进行拓展学习。很显然，故事的创造者不一定都是教师，学生也可以是创造者。学生有着丰富的想象力，有时会比教师更加具有创造性。教师应该为学生续编故事创造机会，引导学生对童话故事进行创造性拓展，使学生在续编故事的过程中，运用所学知识，不断深化知识，从而达到掌握知识以及形成能力的教学目标。

第三节　童话故事教学的经典课例

童话故事教学旨在以童话故事为媒介，借助讲童话故事，使学生在故事中体验知识，理解知识，掌握知识，这是一种较为实用的教学模式。在教学中，教师需要钻研教材、精心设计、把握方向，使教学具有趣味性以及实效性。随着新课改的逐步深入，童话故事教学也应引起广大教师的重视。

一、经典课例

认识>、=、<（教学片段）[1]

步骤一：创设情境

师：森林里举行了一场拔河比赛，森林之王邀请明明、华华以及大狮子做裁判，如果裁判公道，就会放行他们三个，否则就得留下。我们一起去看看吧。

（出示课件，动物拔河比赛的场景，并配以声音）

师：小动物们进行的是拔河比赛，森林之王要求大狮子设计比赛方案，小朋友能不能先帮助它们（哪两种小动物分在一组比赛）？

（学生分组设计比赛方案并分组汇报）

---

① 臧成绩．低龄童数学童话故事教学策略及误区［J］．中小学数学（小学版），2012（12）：61－63．

方案一：小白兔（4）——小熊（3）

方案二：小白兔（4）——小松鼠（5）

方案三：小白兔（4）——小猴（4）

……

步骤二：认识“=”

师：看看你们设计的这几种比赛方案，哪一种最公平，为什么，你能用自己的方式表示公平的方案吗？

生：小白兔（4）——小猴（4）这个方案最公平，它们都是4只，一样多。

（展示学生表示的方法：有的学生用○代替小白兔，用△代替小猴）

师：小白兔和小猴一样多，我们就说小白兔的只数和小猴的只数相等，可以用“=”连接起来，写成4=4。（板书）

（引导学生摆“同样多”）

步骤三：介绍“=”

（略）

步骤四：认识“>”“<”

师：其他几种方案怎样啊？你能帮大狮子分析吗？（出示后几种比赛方案）

生：这几种方案不公平，有的代表队小动物多，有的代表队小动物少。

（教师引出“>”“<”）

师：同学们，你们帮助大狮子设计的这个方案行不行呢？（出示课件，森林之王很满意）

步骤五：深入认识

师：明明、华华和大狮子又遇到了新的困难，想听听吗？

生（齐）：想。

师：原来，他们要过一条河，河上只有几排树桩。能回答出树桩上的问

题，树桩就不会下沉，可顺利过河。

（教师出示明明的问题：8○9，5○2，0○3，6○6；学生纷纷要求回答）

师：我们应该怎样举手呢？看谁能帮助明明解决这个问题，明明最喜欢习惯好的学生。（学生很快规范自己的做法）

（教师出示华华的问题：4>□，2<□，5=□，1<□；学生完成）

师：你能告诉华华怎样想的吗？

（教师出示狮子的问题：9<□，□<1；学生完成）

师：谢谢小朋友帮助他们解决了难题，大家真棒！

二、 实施规则

臧成绩老师深入分析学生的学习心理以及基础，把数学知识点与童话故事有机结合，讲述了一个生动有趣的童话，让学生在生动的童话里构建知识。由故事所引发的一系列问题，促使学生全身心投入到问题解决以及知识学习中，收到良好的效果。

（一）两种因素，讲究有效结合

两种因素是指童话中的知识因素与知识的故事因素。教师采用童话式故事进行教学，把抽象的知识融入生动的童话中，有利于突破教学难点，达成教学目标。事实上，童话的形象性很能唤起学生的生活体验，帮助学生把抽象的知识具体化。故事实质上都是为了让学生投入到非故事性知识的学习中，在快乐且充满挑战的童话故事环境下建构知识。把童话中的知识因素与知识的故事因素有效结合，是童话故事教学的诀窍，有助于实现教学目标，提高学习的效率。

（二）创设情境，引导求知发现

在童话故事教学中，教师创设生动有趣的问题情境，能够有效激起学生学习的热情，能够使学生本身具有的好奇心以及求知欲得到满足。教师所提供的问题，能够让学生置身童话世界中，切身地体验，深入地感受。教师要根据童话的内容以及学生的具体情况，精心设计问题，引导学生掌握新知。教师创设问题情境，以及教师对学生的期望，使学生拥有跨越知识学习“障碍”的情感，注意力集中时间得以延长，由此提高学习效率。

（三）精雕细琢，精心预设教学

“凡事预则立，不预则废。”精心预设是教学活动中的重中之重，一堂课上得好，这就是首要环节，是保证教学有效实施的重要保障。在童话故事教学中，精心预设教学显得尤为重要。要想获得童话故事教学的成功，就必须进行精心的教学预设，包括童话故事的选择，学生情况的分析、教学环节的设计以及教学重难点的把握等，都需要教师胸有成竹。精雕细琢，对于童话故事的选择或编制来说特别重要。在童话故事教学里，童话故事只是一个载体，最终的目的还是要学生学好知识，这就需要教师选择并讲述好故事。教师在使用童话故事进行教学时，切忌喧宾夺主，不能为故事而故事，而应该为知识而故事。教师不能把时间浪费在非知识性的故事中，否则一节课下来，学生根本不知所云。因此，教师在预设教学时，应充分明确教学目标，精心准备，力求学生在快乐中掌握知识。

三、 实施方式

（一）注重趣味，在趣味中掌握知识

无论是何种类型的学生，都不会喜欢枯燥的学习。沉闷的学习气氛，会给学生带来心理疲劳，影响学习状态。对于学生来讲，教学中的趣味性可以缓解学习的压力，进而对学习产生有利影响。在童话故事教学中，趣味性是其中的重要因素。要想学生对你的教学产生兴趣，就必须注重趣味性。美国心理学家布鲁纳认为，“学习是主动的过程，对学生学习内因的最好刺激是对所学材料的兴趣，即主要来自学习活动本身的内在动机……”教师要注意所讲故事的趣味性，激起学生参与学习的热情。

上述案例很好地体现了童话故事教学的趣味性。教师讲述了一个生动有趣的童话故事，把数学知识很好地融入了童话故事中。无论教师的表情动作，还是讲述的语言口吻，都很能切合学生学习的“口味”，使教学充满趣味而有条不紊地开展，教学效果显著。在具体教学实施过程中，教师可以把童话故事改编为贴近生活的童话故事，使故事变得生动有趣，通俗易懂。在讲故事的过程中，教师要注意自身的动作、语言以及态度，用表演或者游戏等方式让课堂趣味横生，促使学生的好奇心转变为求知欲，激活学生学习兴趣。当然，教师不能为了追求趣味性而忽视知识性，应准确地拿捏，使故事的趣味性更好地为知识学习服务。

（二）注重体验，在体验中深化认知

体验总是植根于主体的精神世界。主体是精神世界的主宰者，任何一个人，总是根据自己的需要，按照自己的方式，以适应自己的特点去体察、去感悟，获得不同的感受和见解。体验教学实际上就是强化学生对教学的主动参与和对学习内容的积极把握。[①] 切身体验能够使学生置身于自己感兴趣的、能够充分满足学生心理要求的情景。通过情景的模拟再现，能够让学生真切地融入到具体学习过程中，感受学习的乐趣，以及获得对知识故事的体验与感悟，通过对童话故事中知识的亲身体会，获得知识。所谓“一千个读者就会有一千个哈姆雷特”，教师不应忽视学生对童话故事的体验，而应放手让学生去自我感受，自我体验，自我启发，自我学习。

在上述案例中，教师创设了童话故事情境，使学生置身童话故事的氛围

---

① 郑金洲．课改新课型［M］．北京：教育科学出版社，2006：153.

中，让学生把现有经验与所讲童话故事联系起来，采用生动、活泼的形式，深入浅出地让学生体会知识，有利于学生对知识的构建，让学生从故事主人公的角度设计解决问题的方案，自主解决问题。在对角色的体验中，学生顺利地解决了数学问题，体验新知识，掌握新知识。童话故事教学强调学生的生活体验，力求通过体验比如游戏、表演等获得知识，深化认知。通过体验，学生能够比较迅速地融入知识对象，打破孤立的学习状态，获得新的知识和感受。

（三）注重自主，在自主中探索新知

自主突出了学生的主体地位，要求教师在指导学生学习过程中，给予学生自主学习的机会。教师不应过多地干扰学生学习的方向，而应在把握方向的前提下，给予学生更多的自主空间，探究童话故事中的知识内涵，培养想象能力。让学生自主地选择学习的方法，进行独立思考，自主地解决问题。学生在对童话故事有初步感知的基础上，自主整理知识、分析问题以及解决问题。

利用童话故事激发学生求知动力，能够最大限度发挥学生的主体作用。在上述案例中，教师并没有“牵着学生的鼻子走”，不是把知识一味灌输给学生，而是创设一个积极、活跃以及自由的状态，有力促进学生进行自主学习。教师把课堂的主角让位给学生，把学生置于课堂的中心位置，使学生在自主探究的环境中学会了“＞、＝、＜”的使用。

第四节　童话故事教学的应变方法

童话故事教学已逐步成为备受瞩目的教学方式。它一改以往传统教学的枯燥、乏味、沉闷，变得精彩、有趣、生动起来。然而，在教学实践中，也不时会遇到一些问题，如果不给予解决，势必阻碍教学的顺利开展，降低教学效率。

一、明确教学内容，符合教学需要

在童话故事教学中，教学的开展理应基于教学内容，符合教学的需要。童话故事教学只是借助童话故事这个载体进行知识讲授，其本质是为教学服务的。教学成功与否，主要看是否符合学生发展的需要，是否达成了教学目标。有的教师课前没有钻研教材，没有深入了解学生实情，所讲童话与教学内容根本无关。有的教师生搬硬造一些童话故事，错误使用童话故事，既浪费了教学时间，也耗费学生精力。

教师使用童话故事教学，必须要明确教学任务，紧紧把握住教学目标，使童话符合教学的实际需要，而不是仅仅为了讲故事而讲故事。教师只有明确教学任务，合理地安排童话故事，才能真正让学生学有所获。

比如，《会走路的树》是一篇童话，对白生动，人物形象特点分明，很适合表演。一位教师在教完第一部分后，对学生说："孩子们，学了课文后我们知道，小树对小鸟多么热情多么关心啊，请大家再看一看他们的表演。"两个学生戴上预先准备好的头饰，把课文的第 1 至第 4 自然段的内容表演了一遍。在这里，教师把绝大部分学生当成热情的观众，使角色表演成为"两人戏"，为表演而表演，有违教学目标。这样的故事表演，给人的印象是画蛇添足，多此一举。[①] 因而，教师不能把童话故事教学理解为只是为了活跃气氛而采用的教学手段。童话故事如果脱离教学内容，就会适得其反。

二、关注学生动态，适时增添故事

学习是一个动态过程，在这一过程中，学生具有参与教学以及享受教学的权利，因此，关注学生的动态，让教学对他们具有真正的意义，有利于学

---

① 陈金梅．有效地演扎实地学——以《会走路的树》为例［J］．小学教学参考，2012，(16)：66.

生学习新知识。教师需要观察学生的状态，察言观色，在学生的思维遇到障碍时，适时给予引导。关注学生的动态，要用发现的眼光，关注课堂细节，关注学生在课堂上的喜怒哀乐，关注学生的言行举止，关注他们的情感态度，让学生的这种表现，成为童话故事教学过程中必不可少的资源。

例如，在教学句型“What time is it ?”“It's……”时，可以讲述《老狼老狼几点了?》的童话故事。兔子和老狼都住在森林里，老狼总是想着一些坏主意想吃掉兔子。一天，兔子妈妈要出门，她告诉小兔子们，妈妈 12 点钟就会回家。老狼趁着兔子妈妈不在家，就一直在兔子家门口转来转去，正想着什么坏主意。小兔子们等啊等，妈妈怎么还不回来啊? 于是他们就不停地问老狼：Wolf，wolf，what time is it? 而老狼呢? 为了引出小兔子，只有一直回答小兔子的问题：It's one o'clock . It's two o'clock。教师把句型学习放在生动有趣的童话故事中，教师教得轻松，学生学得愉快，一举两得。①

教师作为教学活动的主导者以及组织者，在课堂上的敏锐观察力就显得尤其重要。教师在课堂上观察学生、发现学生、读懂学生，将他们不断呈现的变化及时捕捉、收集、判断以及利用，从而准确把握实施童话教学的契机。在学生学习状态呈现低沉时，教师需洞若观火，不失时机地使用童话式故事进行教学，并进行引导，以重新激发学生的学习兴趣。

三、 恰当定位角色， 确保教学实效

在童话故事教学中，教师必须科学定位自己的角色，明确学生是在教师指导下自主体验童话故事情感以及探究知识的主体，而不是灌装知识的“容器”。教师是课堂的管理者、组织者，更是促进者，应通过童话故事引导学生自主操作、细心观察、积极思考，并发现问题和分析问题，从中获得解决问题的能力。

---

① 殷丽芳. 引入童话故事让英语课堂魔力无穷 [J]. 成才之路，2013，(9)：66.

另外，教师准确的角色定位还应体现在与学生共同解决问题上。教师要成为师生共同学习的一员，关注学生的学习进程，了解学生的学习情况，做到心中有数，以便在恰当的时候及时点拨，帮助学生完成学习任务。

为什么有时很合适的童话故事不能取得预期的教学效果呢？主要是教师对自己的角色定位不准确。其实，在童话故事教学中，教师不仅是把课堂还给学生，还需要注意教学组织。教师对学生“放手”，但并不意味着对学生放任自流。对学生“满堂跑”“离题千里”“随波逐流”的现象，应及时给予引导，使童话故事真正成为教学的高效手段。

教师如何准确定位自己的角色？第一，教师要善于营造轻松、愉悦的课堂气氛，以激发学生的参与学习的欲望；第二，教师要组织好教学，正确引导学生，避免“放任式”教学；第三，教师要真正融入课堂，成为师生共同学习中的一员，让课堂成为师生一起成长以及体验美好童话故事情感的舞台。

在童话故事教学中，着眼于学生的发展，以童话式故事为载体，促进了教学方式以及学习方式的转变，使教学寓教于乐。教师选择的童话故事必须与教学内容相关，既要考虑教学的趣味性，也要考虑教学的实效性，避免童话故事喧宾夺主。教学要善于利用童话，让童话真正服务于教学，使教学迈向一个新的高度。

第四章　励志启迪：英雄故事教学

英雄是指勇于抗击邪恶、不畏牺牲、无私忘我且令人敬佩和感动的人物。扬雄在《法言》中曾给英雄下定义："英雄者，乃人群中之豪杰，为天下先者。故众人称之为头目、头脑、头头、头人。头目者，先天下之敏目；头脑者，先天下之睿智；头头者，先天下之首领；头人者，先天下之英雄。先者，其所面对，乃一未知、未觉、未行、未为之世界。故，凡先天下者，先知、先觉、先行、先为是也。"英雄有着高尚的气节，象征着英勇奋斗的崇高精神和光辉的业绩，折射出一个民族博大精深的文化底蕴。因此，引导学生欣赏以及学习英雄故事，有利于促使学生增强民族的自尊心、自信心以及自豪感，提高学生不断奋斗的进取心，继承优秀的文化遗产并发扬光大。英雄故事中的英雄往往具有高尚的情操与人格，教师讲述英雄故事对学生而言，也是一种"正能量"的引导，可以帮助学生树立坚韧不拔的品格以及热爱祖国的情感。另外，英雄故事中震撼人心的故事情节，能够激发学生的学习兴趣，使其更加主动投入到学习中去，并获得美好的情感体验。

第一节　英雄故事教学的适用规则

若要使英雄故事教学达到最佳的教学效果，教师需要对其适用规则进行探讨，并准确把握其应用规律。实践证明，在具体的教学过程中，教师应遵循以下规则。

品读心目中的英雄①

我们在教学《项王之死》时，可以先给学生讲述关于项羽的传说故事，并在故事中展现项羽的“英雄”特征，使学生更深刻地了解“英雄项羽”的人物形象。项羽在兵败垓下之时所吟唱的一曲《垓下歌》，古往今来，不知有多少人为之扼腕长叹；“力拔山兮气盖世”是项羽本人对自己形象的定位，后世对于项羽的这句话有着很多的传说故事。

这些传说故事从各个角度讲述了项羽力大无穷。《霸王沟》说的是在安徽涡阳县楚店集到利辛县城南邵渡口的一条叫“霸王沟”的大沟，传说是项羽推车留下的。当时，有一盐商愿出高价雇人用独轮车把盐推到西淝河岸上船，由于雨水太大，道路泥泞，无人敢应，而项羽则不费气力一口气推了60多里，将盐送到船上。所过之处，路陷数尺，后来四周百姓顺势挖成一条“霸王沟”。《霸王潭》写项羽同其叔父项梁在浙江湖州市避仇时，曾独自一人到顾渚山游猎，口渴难耐之际，一头扑在一条山涧中饮水，由于用力过猛，在岩石上留下了两个膝盖印迹和一个胸部痕迹，后人便将这潭叫作“霸王潭”。项羽举鼎的故事在中国民间流传甚广，据《霸王举鼎》一文收录的就有三个不同的版本，但无一例外地都浓墨重彩地描写项羽将千斤重的大鼎轻易地举过头顶，并绕着展示场地稳步走一圈或三圈，再将其放回原处，“力能扛鼎”也因此成为其标志性的符号。《霸王扳倒井》讲的是项羽同其叔父项梁率八千

① 付春明．传说故事中项羽形象论析［J］．长春工业大学学报（社会科学版），2012，(3)：105—108.

子弟兴师反秦，路过家乡下相（今江苏宿迁）时，为了解决兵马的焦渴问题，项羽大喝一声："倒！"水井所在的山峰被扳得"喀叭叭"响，水井被扳倒，水汩汩而出，赢得一片欢腾。《泉水汪》中甚至说项羽能搬动重九千九百九十九斤重的青石板，可谓力大盖世。（略有删改，编者注）

由于教师拥有丰富的英雄教学故事，不但能够在恰当的时候给学生讲述，而且所讲述的英雄故事符合教学目标。教学通过富有精彩的故事方式给学生呈现出来，充满了难以拒绝的魅力，把学生深深地吸引到学习中来。

规则一：储备丰富的教学故事

在课堂上，教师能吸引学生的注意力，能激发学生的学习热情，能让学生信服你的教学，成为教学有效进行的重要保证。因此，在教学中，教师应该储备一定数量的英雄故事，才能在自己的"百宝箱"里及时拿出东西，随时"有话可说"，让教学充满吸引力，从而牢牢抓住学生的心，激起学生的学习热情。相反，如果教师没有丰富的储备，英雄故事教学就"巧妇难为无米之炊"，很难实施。原因很简单，无论多么美妙的佳肴，太单调了就腻。总之，在英雄故事教学中，教师必须不断充实自己的故事百宝库，这样才能做到"有备无患"，更好地服务教学。

规则二：具备吸引学生的教学魅力

教师需要修炼自身的"功力"，包括提高说、唱、演、逗等能力，善于绘声绘色地讲述故事，让故事充满魅力。只有这样，英雄故事教学才能发挥实效，帮助学生达成学习目标。

如果教师讲述不连贯、教姿不自然、表情很呆板，结果不言而喻，学生的好奇心与求知欲没有得到刺激，教学自然难以产生吸引力。由此看来，提高教师的教学魅力是十分重要的，教师除了拥有丰富的故事资源，还要注意提高讲述故事的能力。

提高自身的教学魅力，教师需要着重注意以下几点：第一，教师需要在平时的教学中多加练习，使得教态显得更为自然大方；第二，教师应当具有较强的语言表达能力，需要注重使用课堂教学的口头语言，而不是仅仅是照本宣科的书面语言，尽可能使自己的课堂教学更加具有魅力；第三，教师需要掌握多种方式的英雄故事教学技巧，采取较为多样以及新颖的方式进行故事教学，从而让英雄故事更加具有趣味性。

规则三：满足素质教育的需求

提高学生的综合素质，尊重学生的自主性，是教学改革致力追求的目标。换言之，只有有助于培养学生的综合素质的英雄故事，才能运用于教学。英雄故事教学要求学生通过主动的探究学习来挖掘故事内涵，理解故事蕴藏的知识，如果教师忽视学生的自主性，而采用灌输的方式，则学生的能动性难以发挥，教学活动开展也会受到阻碍。教学应紧紧围绕学生主体性来开展活动，努力满足素质教育的需求，只有在这样的条件下，英雄故事教学对实现教学目标才能真正发挥“推波助澜”的作用。

教师在具体的教学活动中，必须紧紧把握以学生为主体的原则，致力提高学生的综合素质，在满足素质教学需求的基础上，采取相应的教学措施。想要做到满足素质教学的需求，尊重学生的主体地位，教师需要做好以下几个方面：一是教师需要认真筛选英雄故事，选取较为有教育价值的英雄故事；二是教师需要设计参与性的英雄故事教学课堂，使学生积极参与讨论与学习，进而使学生从中受到故事启发，以及潜移默化的情感熏陶；三是教师需要有以学生为主体，组织学生深入学习，提升学生的思考层次，进入英雄故事的深层次学习，掌握英雄故事的内在价值，进而使知识与修养同步提升。

英雄故事教学是一种别开生面的教学方式，教师应该根据素质教育的要求，遵循上述原则，结合学生的心理特征和具体的教学内容，科学地选用英雄故事创设生动而有趣的学习情境，使教学充满魅力。让学生积极参与课堂学习活动，并进行积极思考，掌握知识，获得情感体验。

第二节　英雄故事教学的运用方式

苏霍姆林斯基说：“在每个孩子心中最隐秘的一角，都有一根独特的琴弦，拨动它就会发出特有的音响，要使孩子的心同我讲的话发生共鸣，我自身就需要同孩子的心弦对准音调。”由于英雄式故事本身具有“荡气回肠”的特点，因此比较容易拨动孩子的“心弦”，给学生带来有趣、有意义的情感体验，满足中小学生的心理需求。学生需要的不是枯燥的大道理，而是能够唤起他们内心共鸣的、能使他们从中有所感悟的故事。英雄故事在一定程度上能够促进教学，但是并不意味着要频繁、重复而无意义地使用；而应通过英雄故事的内容吸引学生的注意力，帮助学生进行有意义的学习活动，让学生从中获得启发，进而达成教学目标。

方式一：学生自主，积极探究

D. W. 约翰逊指出：“教师的一切课堂行为，都是发生在以学生为单位的同伴群体关系环境之中的。有效的学习活动不能单纯地依赖、模仿与记忆。动手实践、自主学习与交流讨论是学生学习知识的重要方式。”进行探究学习有助于解决传统教学模式下“被喂”的问题，有利于学生领悟知识要点和掌握学习要领。在英雄故事教学中，教师要让教学取得实效性，就要发挥学生自主性，鼓励学生积极进行探究学习。只有在这样自主的学习环境下，学生才能进行积极探究，获得学习体验。这样，英雄故事教学更具有意义。

让学生自主探究[①]

在教学“集合”一课时，教师给学生讲了集合论的发明者康托的故事，

---

① 吴国建. 名人与数学小故事在数学教学中的运用［J］. 中学教研（数学），2009，(12)：41.

通过呈现康托追求真理的决心以及发现真理的过程，展现康托是如何发现“集合”这一科学结论，并以这个“发了疯的数学家”来阐述数学发现的艰难，感悟数学家对科学研究的执着。教师掌握数学课堂数学英雄故事这个“激趣点”，激发学生学习兴趣，让学生跟着故事的脉络进行一步步探索学习，学生自主地对“集合”这一概念进行积极探索，积极参与到课堂的学习中，发表自己的意见及见解，最后，学生能够归纳并掌握“集合”这个知识点。（略有删改，编者注）

在这节数学课上，面对“集合”这一新的知识点，教师并非“照本宣科”，而是采用英雄故事教学，讲述数学家康托的故事，激发了学生强烈的探究愿望，吸引学生积极投入探究学习中，最终获取“集合”这一新知识。英雄故事教学，使学生由原来被动学习的角色转变为主动学习者的身份，更加切合新时代的教学宗旨。

一、 创设积极探索氛围，增强主体意识

良好的气氛是促进学生进行探究学习的重要条件。叶圣陶先生说：“入境始于情，情境创设恰当与否，直接影响教学效果，如果教师重视创设情境，就能使学生入情入境。”教师在教学中应通过英雄故事创设探究氛围，创造一种乐学的环境，以激发学生的学习动机，产生求知欲望，积极投入到学习中去。另外，教师应该充分尊重每一个学生，让自己成为探究学习中的一员。创设一个开放的学习空间，以使学生在探究学习中学有所获，学有所悟。

二、 指导学会探索方法，提高探索质量

掌握正确的探究方法，是学生获取知识的“金钥匙”，也是学生进行自主探究的关键。在英雄故事教学中，教师应为学生提供观察、探究、操作以及独立思考的机会，让学生自由、自主地发散思维，自主探究，积极主动地获取新知识。教师应该注重对观察方法、操作方法、迁移方法、解题方法以及

思维方法进行指导，使学生掌握探究学习方法，不断提高探究学习的质量。

三、灵活设计教学环节，增强合作交流

英雄故事教学理应是学生积极探究学习、共同研究创造、激发潜能的过程，这需要灵活的教学设计。第一，教师要抓住教学内容的重点以及难点，设计话题，使学生的合作学习更加切实，更有实效；第二，教师要看准时机，巧妙地设置开放性问题，让学生在问题的引领下，交流探讨，获得真知；第三，教师要鼓励学生自主总结，综合考虑，充分发展个性。

方式二：教师组织，深入探究

在教学中，教师是指导者、组织者的角色。英雄故事教学要求教师善于挖掘故事中有价值的东西，激活学生思维，促进学生进行探究学习。这需要较强的组织能力。然而，并不是每个教师都认识到“组织”的重要性。不懂组织、不善组织，都在一定程度上阻碍了教学活动的顺利实施。教师在进行英雄故事教学时，要发挥主导作用，积极组织学生进行探究学习。组织形式多样，可以是游戏或者是表演等。基于英雄式故事的教学，教师要对知识点进行“梳理”，以分清主次，紧扣重点。通过充分利用好英雄故事教学的特点，更好地组织学生深入探究学习，达成教学目标。

有效组织的高潮[①]

特级教师王爱春老师在教学《董存瑞舍身炸暗堡》一课时，本想提问学生：“除了课文中炸暗堡的方法，同学们看还有别的什么方法没有？”但没想到，有个学生提出：“能不能不牺牲，还能完成任务呢？”当时王老师觉得这个问题提得太好了，立即组织学生讨论，进行深入探索学习。学生们各抒己见，先后提出了20多个办法，最后又一一否定了。学生觉得在当时时间紧

---

① 诸葛彪，董克发．自主教学操作全手册［M］．南京：江苏教育出版社，2010：210.

迫、环境恶劣的条件下，只有此法可行，同时，也使董存瑞机智、勇敢、不怕牺牲的英雄形象矗立在学生们眼前。使学生真正感受到董存瑞的英雄个性魅力，体会故事内涵，学习英雄品质，达到理想的教学效果。

王老师善于抓住教学的契机，对学生理解不深刻、产生困惑的内容，逐步进行剖析，有效组织学生深入探究学习。通过教师的循循诱导，学生对知识深入理解，获得了思想的启迪，感受到美好的情感。

一、 全面认识， 正确组织

虽然英雄故事教学有很广的用途，但是必须在对其充分认识的情况下，才能发挥重要作用。很显然，在英雄故事教学中，教师组织学生学习的故事内容如果与课堂知识的联系不紧密，学生的思考也就不会深刻。因此，教师需要对其有深刻的认识，并能够娴熟运用。全面认识包括三个方面：一是教师需要了解英雄故事与教学知识的契合点，把握故事大意，找准关键，一击即中；二是教师需要学会深入挖掘英雄故事内涵，彰显其人文性、价值性；三是教师需要在全面认识的基础上，有目的地组织课堂学习，升华故事教学意义。这样，教师才能顺利完成教学任务，组织学生进行深入探究学习，获得预期的教学效果。

二、 把握重点， 有效组织

如果教师把握不住重点，什么问题都乱扯一通，什么问题都进行深入探究，这样在多数情况下自然没有什么教学效果。组织学生深入探讨学习，首先应该紧扣教学目标，把握课堂教学重点，引导学生有目的、有方向、有重点地进行课堂学习。其次，教师还要立足教学重点，浓缩课堂知识，针对性地选择课堂讨论话题，做到有的放矢，为学生的学习提供契机，为学生知识的牢固掌握创造有利条件。除此之外，教师还要学会在把握教学重点的基础上有机整合教学内容，有效组织学生深入探究英雄故事教学内涵，从而使教学更加具有针对性与实效性，实现课堂的高效。

三、巧妙设计，高效组织

巧妙设计教学环节，可以优化英雄故事教学课堂的结构，提高课堂教学效率。首先要对教学流程“烂熟于心”，并在此基础上精心设计故事教学，这样才能高效组织探究学习活动。在组织学生深入探索学习前，教师必须首先要做好准备工作，包括研读教材，挑选适合教学的英雄式故事；其次才能根据学生的心理特点与学科要求，对英雄故事教学进行巧妙的设计以及“装修”。总之，在具体的教学中，教师要注重以下几个环节：一是教师要从教学内容出发，精心组织、巧妙构思，创设富有趣味性的英雄故事情境；二是教师要以教学目的为导向，有效组织学生进入有情、有境、有体验的氛围，从而使学生主动吸取教学内容。

方式三：挖掘内涵，深度教育

运用故事进行教学，如果教师不懂得挖掘故事的内涵进行深度教育，那么，故事教学就会失去其原本的价值。在英雄故事教学中，教师应针对教学内容、英雄故事以及其蕴藏的知识点引导学生进行多角度、多层次的探究学习。另外，教师应及时点拨和启发学生进行积极思维，引导他们深入理解英雄故事内涵与知识点的契合之处，以利于达成教学目标。同时，教师应鼓励学生敢于“异想天开”，多元解读故事的内涵，以便深入理解学习内容。

润物细无声[①]

在教学爱国主义思想品德一课时，教师给学生讲了爱国主义英雄文天祥的动人事迹，通过情境、利用图片，朗读再现情境，讲述文天祥《在大都狱中》和《慷慨就义》两则小故事。如：文天祥怒斥逆臣张弘范劝降，揭露元

---

① 黄先德. 如何运用历史人物进行思想品德课教学 [J]. 江西教育，1984，(1)：16—18.

世祖以各种卑鄙的手段，企图软化文天祥的爱国意志的阴谋；以及文天祥就义前朝南拜几拜等描述。在问答思考题的设计、图片的绘制，以及重点段落的有表情地朗读、内容的复述等方面，也都紧紧抓住最能表现文天祥人物性格特点的几个情节进行教学。这样，英雄人物的高大形象在学生的思想上留下深刻的印象。教师一步步引导学生挖掘故事的内涵，进而思考：文天祥在敌人的引诱、折磨下，始终保持威武不能屈、富贵不能淫的民族气节，是什么精神在支撑着他？学生分四人一小组展开讨论。这样就使学生能较深入地体会英雄的思想感情，受到爱国主义的英雄教育和感染。

教师以饱含感情的语言给学生讲述英雄文天祥的故事，并通过多种教学手段引导学生挖掘故事内涵，让学生体会英雄文天祥高贵人格的魅力，加深了学生对爱国主义的认识和体会，获得了良好的教学效果。

一、 及时点拨， 引发思考

把握时机对于英雄故事教学非常重要。教师如果不懂得把握时机，对学生的表现视而不见，不进行及时点拨，引发学生进行深入思考，那么，学生就难理解知识点。因此，在英雄故事教学中，教师要有“火眼金睛”，及时发现并把握教学契机，引导学生深入挖掘故事内涵，进行深度教育。教师的教学不是要面面俱到，而是必须从“大局”出发，在关键时候发力，力求“快”“狠”“准”，能够“牵一发而动全身”，一击即中教学的关键点，以引发学生深入思考。

二、 层层递进， 快乐交流

在通常情况下，教师要掌握教学节奏，层层推进，引导学生进行交流，获得知识与快乐，这对于运用英雄故事教学进行深度教育而言是很重要的。另外，由于学生的认知具有阶段性，为了更好地达成教学目标，就需要进行层次教学，带领学生逐步挖掘故事中的知识因素，促进学生深入思考，使得学生在获得知识的同时，也领会英雄故事的内涵，学习英雄的特质，并接受英雄品质的熏陶、道德的感染以及智慧的启迪，从而获得美好的情感体验和体会使人向上的精神。

三、巩固练习，深化提高

巩固练习，是英雄故事教学必不可少的环节。巩固练习，不仅仅是指练习的数量，更多的是练习的质量。进行巩固练习要注意几个步骤：第一步，基本训练。教师要对学生进行模仿性练习，使其巩固新知，深化对知识的理解。第二步，综合训练。促使学生把新旧知识融为一体，优化认知结构，培养学生灵活运用知识的能力。第三步，提高训练。进一步迁移知识，把所学知识置于更广的生活背景，提高学生的学习兴趣，发展学生的实践能力，以发展学生的创造性思维。

第三节　英雄故事教学的经典课例

一、经典课例

一块面包[①]

步骤一：引入主题

师：今天早上，我发现一位四年级的小朋友把一块吃剩的面包扔进垃圾箱。(出示一块只咬了两口的面包）你们说，这事应该如何处理？如果被你碰到了，你打算怎么办？——说自己的心里话。

生：我准备把面包捡起来，交给校长。

生：我准备写稿子，提出批评。

---

① 孙建龙. 语文教学案例［M］. 北京：教育科学出版社，2008：204—208. 本文有删改。

生：我会告诉这位同学，农民种粮食很辛苦，不应该浪费。

师：你打算当面劝告是吗？请大家接着说。

生：我将把这件事告诉校长，并请校长在全校大会上告诉大家要爱惜粮食。

师：浪费粮食的现象时有发生，人人都要爱惜粮食，是吗？以上的同学都表明了自己的态度，不错，还有部分同学不举手，不知道是怎么想的？小兰，你准备怎么处理？

……

步骤二：探讨主题

生：我给他讲一个革命故事，红军长征时……

师：如果时间允许，可以讲，如果时间不允许可以提示一下：你不是学过“马背上的小红军”吗？那位小红军就是因为没有粮食吃而饿死的！还记得他干粮袋那块烧得发黑的牛膝骨吗？这可以算是第四条。

生：面包是用爸爸妈妈挣的钱买的，爸爸妈妈挣钱很不容易。

师：这一点补充得很好，可以把它放在第一条。大家想得都很周到，讲得也很有道理。我如果是晓丽，我听了以后，一定会心服口服的。大家谈了这么多，下面老师也给你们讲一下。

师：抗战英雄陈毅爷爷，在战火纷飞的年代，领导赣南游击队，在当时那么艰苦的环境下，坚持对敌斗争。但是在那么困难的条件下，陈毅爷爷和这些战士们没有饭吃，甚至连米汤也没有得吃，他们吃的是草根！他们不畏艰苦，最后取得战争的胜利。试问一下现在的你们，生活条件变好了，就变得大手大脚，忘记了勤俭节约和艰苦奋斗的光荣革命传统。同学们觉得浪费粮食的行为对吗？

（课堂顿时鸦雀无声，同学们陷入沉思当中……）

生：我们应该发扬优良传统，珍惜我们来之不易的粮食。

生：我再也不会浪费粮食了，我要向革命英雄学习。

……

步骤三：拓宽主题

师：同学们都明白了这个道理，那么，这样吧，咱们给全校的同学写一封公开信，信中尽量写一些英雄的故事，让每个人都认识到粮食的来之不易，认识粮食的作用，都要珍惜粮食，怎么样？

（学生在听教师讲故事的过程中，进一步明白了珍惜粮食的重要性，也在教师课后的写信作业里，初步体验与巩固写信的格式，取得了良好的教学效果）

二、 实施规则

教师围绕“珍惜粮食”这一教学主题，通过讲授革命英雄的艰苦奋斗故事，使学生明白粮食来之不易，理解课文的主旨。另外，教师给予学生充足的时间进行拓展学习，学生不但开阔了视野，而且获得情感体验。

（一）保证充足的时间

苏霍姆林斯基指出：“学生需要自由活动时间，就像健康需要空气一样。”同样的，在英雄故事教学中，保证充足的学习时空是教学取得成功的必要条件，其目的是给学生足够时间理清学习思路，构建知识意义。学生只有时间充裕，才能进行自主思考，以及提出解决问题的方法。教师在讲授新知时，需要给学生充分的时间进行思考及操作，让每位学生都能“主宰”自己的学习，成为学习的主人。学生只有时间充裕，才有机会大胆发表见解，积极发散思维，获得真知灼见。

（二）设置开放的问题

在英雄故事教学中，教师应是学生发散思维的“引路人”。教师如果“禁锢”学生的思维，让学生处于封闭的环境下，那么，教学必然是失败的。因此，英雄故事教学必须有开放的问题，才有助于达成教学目标。设置开放性问题一要有针对性，引导学生进行探讨、研究与解决；二要有可控性，问题的难度不能超过学生可能理解的水平。具备了这二者，也就具备了“励志启迪”的条件。

（三）尊重学生的劳动

美国著名诗人和散文家爱默生说：“教育成功的秘密在于尊重学生。”在英雄故事教学中，教师对学生的尊重显得尤为重要。教师在组织学生进行探究学习，或提出具有针对性的问题时，应该了解学生的看法，并给予恰到好处的肯定。学生获得教师的尊重，创造力得到迸发，用自己独有的方法创造性地解决问题。这不但让学生能够快捷构建新知，更重要的是提高了学生的学习兴趣以及信心。

三、 实施方式

（一）感人肺腑，生成教学

英雄故事的一大特点，就是具有巨大的感染力，这也是英雄故事的魅力所在。英雄式故事应该注重真实、感人的力量，把英雄人物立体化、形象化以及艺术化，通过对英雄故事的真实呈现，让学生对英雄人物的行为产生认同感，感叹英雄人物的事迹，从而拨动学生的心弦，心灵受到震撼，引起共鸣。也就是说，只有感人的故事才能吸引更多的学生参与教学活动，才能激发学生的学习热情。相反，随意编造的故事缺乏感染力，容易成为教学中的“泡沫”。因此，教师应该借助真实感人的故事来渲染英雄人物的高尚人格，催生学生对英雄人物的敬慕之情，引导学生深入思考，促进学生在动态的学习中，自主品味，构建新知。

（二）整合资源，引导建构

倘若教师只是随随便便使用英雄故事进行教学，而不懂得整合教学资源，那么只会“事倍功半”，使教学效率低下。真正有价值的教学应充满激情和愉悦，推动学生深入思考，积极建构知识体系，体验获得新知识的喜悦。也就是说，教师在使用英雄故事教学时，应当真正转化自己“传授者”的角色，变为促进学生学习的“帮助者”，收集关键问题的学习资料、留意学生的学习表现、整合教材有效资源，避免重要的教学资源成为“漏网之鱼”，逐步引导学生建构新知。

（三）适时提炼，深化教学

为了让英雄故事教学的实施达到最佳的效果，教师需要在适合的时候针对性地提炼教学关键信息，以求激起教学奇妙的“火花”。这样既有利于学生掌握新知识，又能够深化整个教学。要做好这一点，一般要求教师注重针对性地引导学生对英雄故事教学课堂的知识点做出总结，形成相应的知识系统，同时对英雄故事教学课堂的问题做出总结性分析，使学生在反思中不断进步，提高故事课堂学习能力以及掌握学习方法。除此之外，教师还要深入研读文本，走进故事深处，抓住关键，进行多角度、多层次的教学主题提炼，使教学更加富有情感与内涵，实现教学工具性与人文性的有机结合，在引发学生强烈的求知欲和情感体验的同时，升华整个英雄故事教学课堂，进而启发学生深刻理解知识。

第四节　英雄故事教学的应变方法

虽然英雄故事教学应用范围很广，也可以发挥很重要的教学作用；但是，在教学实施过程中，还要进行灵活的应变。教师如果没有掌握娴熟的应变方法，就难以使之发挥出最佳的作用。

一、即时应变，打破僵局

在英雄故事教学过程中，并不是所有的步骤都按预设的方向发展，不时会遇到一些“小插曲”。此时，教师应善于随机应变，及时改变教学策略，让英雄故事在教学中发挥特别作用。

比如，在一节思想品德课上，教师给学生讲了海伦·凯勒的故事，旨在揭示“人生难免有挫折”这个主题，鼓励学生勇敢面对生活中的挫折。但是，对于教师的提问，学生没有表现出很浓的兴趣。面对这种僵局，就难以达成“正确认识和对待挫折，体味坚强意志”的教学目标，也不可能让学生从中感悟到挫折对人生的重要影响。

面对这种沉默的窘境，教师以沉着冷静的态度及时点拨学生，促使学生深入思考。教师适时提问：“同学们觉得这个故事要告诉我们什么道理?”学生答:“我们在遇到挫折时一定要请别人帮忙!”学生对故事的理解明显是有偏差的，但是教师不应对此视而不见，而要加以纠正：“同学们，说错了是很正常的，人非圣贤孰能无过呢? 是不是，一定要敢于发表自己的见解，我们可以从讨论中得出结论！老师喜欢敢于发表自己意见的孩子!”充满关怀的话语，一下子化解课堂的“尴尬”。学生欣然进行深入思考，同时让英雄故事教学显得更加富有活力。

二、关注细节，师生交流

教学是动态的，不时会出现许多预想不到的情况。有时一个不经意的细节，往往会成为教学的“关键点”。关注教学细节，找准交流的“节点”，是英雄故事教学的要点之一。另外，教师应有的放矢地与学生进行交流。教学并不是教师单方面的“教”，而是应该与学生的“学”结合起来，形成双向互动。在师生交流的模式下，英雄故事教学才能发挥真正作用。如果教师不能很好地关注教学细节，不能找准时机与学生互动，那么，英雄故事教学就难以达成教学目标。

例如，一位教师利用英雄故事进行教学，从头到尾都是自己在讲故事，并没有关注学生的学习状态，更不用说师生之间的交流，一节课下来，学生昏昏欲睡，教师也倍感疲惫。这样“灌输”知识、毫无生气的教学，不但不会取得好的效果，反而会使学生产生厌学情绪，产生很大的负面效果。

关注教学细节，不仅有利于教学的顺利开展，也会使整个英雄故事教学轻松、活跃，获得良好的教学效果。

三、 把握核心， 正确教学

之所以把握故事教学核心，是因为教学必须有明确的方向，否则，所讲故事可能与教学内容“南辕北辙”，无法完成教学任务。

比如，某位教师运用英雄故事教学《居里夫人》一课，故事虽然感人，但是偏离教学核心，所以教学并没有获得预期效果。教师只有把握住故事的核心，才能让故事发挥应有的作用。

一般来说，教师对教学的核心把握得越好，英雄故事就越能发挥教学促进作用。很显然，围绕教学核心的英雄故事教学，往往能够优化学生的认知结构。通过正确的英雄故事学习，有利于学生系统地掌握相关知识，同时提高学生对知识的运用能力。在教学中，教师想要准确把握教学核心，首先要对英雄故事进行全面而细致的分析，其次深入分析教材内容，准确把握教学重点，进而才能正确运用英雄故事辅助课堂教学，取得相应的教学效果。

英雄故事教学的宗旨是通过英雄故事激发学生主动获取知识，获得“正能量”的情感体验，最终实现促进学生全面发展。运用英雄故事进行教学，必须把故事与教学有机结合起来，避免英雄故事流于形式。只有这样，才能教有所获，学有所成，全面落实教学目标。

第五章　思维发散：推理故事教学

“推理”是由一个或几个已知的前提，进而推导出新知的过程。南朝肖绮在《拾遗记》中说，推理是：“辞趣过诞，意旨迂阔，推理陈迹，恨为繁冗。”也可以说，推理通过对一主题或材料的再三考查，而且通常不经实验证明或引入新资料而引申出概念或理论。

推理故事通过环环相扣的故事情节，神秘夸张而富有条理的写作手法，使故事引人入胜，让人读后欲罢不能。推理故事教学正是利用这个特点，把知识寓于推理故事之中，使学生在不断的推理中探究知识，学习新知。由于推理故事常常是“意料之中，情理之外”，不但可以有效促进教学目标的达成，而且可以培养学生的分析归纳能力。

第一节　推理故事教学的适用规则

推理故事教学旨在以推理式故事为载体，借助推理故事来讲授知识，创设生动逼真、活泼自由的学习情境，使学生能够乐于学习、主动探究、掌握知识。当然，要想使推理故事教学真正运用得当，教师就必须紧紧把握推理故事教学的适用规则。

推理故事下的突破①

有位教师在参加小学数学优质课评比时，执教的是“体积和体积单位”一课。教师给学生展现了《乌鸦喝水》这个故事，并语重深长地提醒学生“在这个故事里你能看到一个什么现象，你又有什么思考?”引导学生根据故事中“水位上升”的现象，也像牛顿和瓦特一样去思考，去进行有意义的探索，从而“发现”什么是体积。通过这一只乌鸦喝水引出的问题解决后，教师又对故事进行了续编——两只乌鸦喝水：有两只乌鸦——一只红嘴乌鸦和一只黄嘴乌鸦；有两个相同的装有同样多水的瓶子；有两堆石块，其中每个石块的体积相同，但是两堆石块的个数不同，两只乌鸦争论谁能喝到的水多一些。这时学生的意见相同，很容易就确定了哪只乌鸦能喝到的水会多一些。

教师继续对故事进行编写——还是两只乌鸦喝水：一只黄嘴乌鸦和一只灰嘴乌鸦；有两个相同的装有同样多水的瓶子；有两堆石块，其中每个石块的体积不同，每堆石块的个数各不同，两只乌鸦争论谁能喝到的水会多一些。这时学生的意见各不相同，有的认为灰嘴乌鸦的石块虽小，但个数多，体积也就大些，喝到的水就会多一些；有的认为黄嘴乌鸦的石块虽然个数少，但石块大一些，体积也就会大些，应该是黄嘴乌鸦喝到的水多一些；还有的认为两只乌鸦喝到的水应该同样多。“为什么前两只乌鸦争论时你们一下子就能确定，而现在这两只乌鸦争论时你们自己却争来争去不能确定呢?”教师的一句点睛之问，恰恰反映了学生当时的学习状态，再一次引发了学生的思考：“现在每个石块的体积不同，不好比较”“要是每个石块的体积相同就好比较了”。七嘴八舌之间，学生又获得一个重要的发现：要有一个统一的标准，就像计量长度要有长度单位，计量面积要有面积单位一样，计量体积就要有体积单位。(略有删改，编者注)

---

① 秦赟，闫淼，柳敬拓，张晓峰，吴志樵．数学教学的趣味故事设计［M］．合肥：安徽人民出版社，2012：3—4．题目为作者所加。

教师依据自身的教学风格，在以学生为本的基础上，选择符合教学需求的推理式故事进行教学，可以有效保证教学质量。在上述案例中，教师能够很好地把故事融入到教学内容中，使学生在故事情景下步步深入学习，理解并掌握了体积与体积单位这个知识点。

规则一：符合以生为本

为了让推理故事教学给学生深刻的体验，教师需要在教学设计以及教学过程方面加强对学生的关注度。在使用推理故事教学时应充分考虑学生的需要，根据学生的需求来制订教学计划，激发学生的学习兴趣，创设生动活泼的学习情境，带动学生主动学习，让学生真正成为学习的主人。教师应该树立“以生为本”的教学理念，要从学生的实际出发，了解学生的认知水平、学习风格等。只有以生为本的教学设计，才能真正有效地满足学生需求，发挥作用。以生为本的推理故事教学，不仅能激发学生学习动机，还能调动学生学习积极性，从而实现最佳的教学效果。

规则二：符合教师特点

任何教师，都会有自己的教学特点。不同的教学特点决定了教师采用何种教学方法，也决定了教师所采取的教学方法能否奏效。在推理故事教学中，教师不能只简单地考虑推理故事的生动性，还要考虑自身的因素，自己是否适合使用故事进行教学，能否“驾驭”推理式故事使其有益于教学。倘若教师本身不具备推理故事教学的特质，没有掌控推理故事教学的能力，那么，推理故事教学则会“事倍功半”。因此，教师应该学会评价自我、了解自我，教学要符合自己的个性。总之，既需要教学方法，还需要符合本身特点，这样才能在推理故事教学中“大展拳脚”，实现自己的教学意图。

例如，一些教师一贯的教学特点已经被学生接受，但是为了套用一个推理故事而改变以前的风格，这样不仅难以掌控课堂，而且会影响学生的学习效率，很可能出力不讨好，效率低下。

规则三：符合教学需求

推理故事教学有其独特的魅力，然而，并不是每种类型的课都适用。为此，我们有必要对待用的推理式故事进行研究加工，使其更好地符合教学需求，争取教学资源利用效率最大化。教学并不是由各种材料“堆砌”而成的，而是由各种材料系统构成的。教师使用任何材料都是为了让教学内容显得与众不同，有亮点，也有实效。同样，教师使用推理故事教学方式，需要考虑教学内容、教学目标以及教学过程，只有在符合教学需求的前提下，才能更好地发挥推理故事教学的作用。

如果想让推理故事教学发挥应有的作用，教师就必须以生为本，着眼于学生的发展，寻找符合自己的教学风格，使推理式故事合乎教学要求，进而提高教学质量。

第二节　推理故事教学的运用方式

在教学活动中，为了打造一个活跃而高效的课堂，教师必须从各方面调动学生的学习积极性，寻找更加适合学生的教学方法。推理故事教学，摈弃了生硬的教学方式，充分利用“推理”的特点来促进学生开展学习活动，既提高了学生解决问题的能力，又培养了学生探新求真的创新能力。

方式一：教师指导，巧用提问

在推理故事教学中，教师要充分发挥指导作用，重视及加强对推理故事教学的组织、开展、调控，使教学得以有效开展。教师的指导作用，主要体现在教师给学生指明研究问题的着眼点、对教学过程进行监督以及解答学生的问题。学生倘若离开了教师的指导，往往会像没有方向感的“苍蝇”，随处乱撞，找不到方向。在推理故事教学中，学生有可能会处于游离状态，一些“学困生”很容易陷入当“观众”的境地，课堂看似热闹，其实教学效果不理想。在学生出现“异动”时，教师应及时察觉，巧妙进行提问，以问导学，提高教学效果。

猴妈妈分饼①

在教学“分数的基本性质”时，教师从推理式故事出发，给学生讲：一天，猴妈妈把三块大小一样的饼分给小猴们吃，她先把一块饼平均分成 4 份，给了大猴子 1 份。二猴子看见了，嚷着说：“1 份太少了，我要 2 份。”于是，猴妈妈把第二块饼平均分成 8 份，给了二猴子 2 份。三猴子一看，喊道说：“我最小，我要 3 份。”猴妈妈听了，便把第三块饼平均分成 12 份，给了三猴子 3 份。……当学生们被有趣的故事深深吸引时，教师问：“小朋友，你知道哪只猴子分得多吗？猴妈妈这样分公平吗？聪明的猴妈妈是用什么办法来解决问题、满足猴子们的要求的？如果四猴子要 4 块，猴妈妈该怎样分呢？”通过教师讲授推理式故事时的提问展开教学，既活跃了课堂气氛，又能够激发学生的学习兴趣，使抽象的数学知识蕴于趣味的推理故事之中，引导学生饶有兴趣地展开操作、观察、思考、交流、验证、探索，从而归纳出分数的基本性质。

教师要达到让学生在推理故事教学中体验新知、获得知识的教学目的，就要善于发挥指导作用，有效地组织教学活动；同时注重学生的主体性，进行针对性的提问，让学生通过探究学习，获得新知，提升推理故事教学的实效性。

一、把握课堂，有效指导

教师只有在课堂上因势利导，有效抓住“导”进行教学，才能让学生真

---

① 程金芳. 浅谈故事在小学数学教学中的运用 [J]. 课外语文，2012，(10)：111.

正融入课堂、积极参与课堂，从而实现有效学习。首先要了解所教内容以及学生情况，其次要指导学生进行思考、探索新知。教师通过有趣的推理故事，呈现了授课的主要内容以及要求，逐步指导学生学习，引导学生“说”，降低了学习难度，使学生在轻松的氛围中掌握知识。另外，教师的“导”与学生的“说”都是一种有效互动的方式，这是推理故事教学应当具备的。

二、善于提问，以问引思

在推理故事教学中，教师必须重视提问，善于提问，把“问题”放在学习的“风口浪尖”，给予学生自由发挥的思维空间，引导学生思考以及解决问题。著名教育家陶行知先生说：“发明千千万，起点是一问。禽兽不如人，过在不会问。智者问得巧，愚者问得笨。”教师的提问，必须是深究教材后的有效提问。仅仅是走马观花、流于形式的提问，并无法产生任何的教学效果。只有善于提问，诱发学生的求知欲，使学生转“静态平静的美丽”为“火花碰撞的思考”，才能激起学生学习的热情与兴趣，唤起学生的探究欲望，以一个探究者的角色主动投入到学习中去，培养探究能力以及创新意识。

三、启发思维，掌握新知

启发思维是推理故事教学顺利实施的关键所在。运用推理故事教学的最终目的是让学生能够从多角度、多层次地分析问题，开拓思维，获得新知。在推理故事教学中，教师可以提供一些学习线索，进而启发学生的思维，深入学习，在共同的探讨学习中掌握新知。另外，教师应允许学生充分发表各自的意见，鼓励他们畅所欲言，互相质疑，以获得正确的认知，形成完整合理的结论。

方式二：学生参与，活跃气氛

学生积极参与是推理故事教学顺利开展的重要条件之一，也就是说，在推理故事教学中，必须营造一种能提升学生参与度的活跃气氛，使学生在自由、民主、开放的课堂中，形成一种强烈参与学习的意识，产生一种不可遏止的求知欲望。如果没有学生的主动参与，有效课堂就无从谈起。如果没有学生的自主探究，创新能力也难以获得。

让学生主动参与①

在教学“统计”一课时，教师给学生讲了小狗、小猪以及小猴的故事，通过呈现不同的场景，让学生跟着故事的思路进行推理学习。把这些动物进行分类，让学生以扮演动物。教师首先请六个学生上台自由组成二人小组，一个人指着图片上的一只动物，另一个人就拿它的一个头像贴在黑板上。通过这样一步步地推理学习，学生积极参与到课堂中，纷纷发表自己的见解，在不知不觉中，学生归纳出“统计”的含义，推理故事使学生发挥自己的想象力，激发学生的兴趣。整个教学过程，学生都处在探究的热情之中。（略有删改，编者注）

教师以学生为主体，关注学生的需要，极大地激发了学生参与学习的动机，调动了学生学习的积极性，吸引学生主动参与学习，使得学生真正成为学习的主人。

一、 满足求知欲望，诱发参与动机

通常，学生主动参与学习，主要源于他们自身的求知欲。良好的课堂气氛，能使学生产生强烈的求知欲，进而转化为学习的动力。教师应该根据学生的具体情况制订教学方案，并适时调整教学策略，以满足学生的学习需要。若要达到激发学生积极参与学习的目的，则教师首先要了解学生的学习情况，掌握他们的学习趋向；其次，针对性地制定教学计划，在满足学生学习欲望的基础上，有效激发学生的学习动机，进而达成理想的教学目标。

---

① 徐斌．走进徐斌：为学生的数学学习服务［M］．福州：福建教育出版社，2006：4－5.

二、创设生动情境，营造活跃气氛

毫无疑问，创设生动情境、活跃课堂气氛对于推理故事教学来说是不可或缺的。显然，要想促进学生更加积极主动地参与到学习中，就应该为学生创设生动的场景，营造活跃的课堂气氛，让学生在快乐中构建知识。因此，教师在讲述推理故事时要注意其是否具备较强的趣味性以及启发性。同时，教师应把握推理故事的适用规则，有效创设教学情境，在活跃的课堂气氛中唤起学生参与学习的内在动机，直至完成教学任务。

三、建立评价体系，增强参与信心

科学的评价体系，可以有效激励学生积极学习，促进学生不断进步，提高学生的学习能力。教师固然要表扬优秀学生，但是也应鼓励“学困生”，尊重“学困生”。学生有时回答显得“荒唐可笑”，但是教师还是应给予尊重，给予鼓励，给予肯定，以增强学生参与学习的信心。

方式三：思维发散，鼓励创新

苏霍姆林斯基认为：“在人的心灵深处，都有一种根深蒂固的需要，这就是希望感到自己是一个发现者、研究者、探索者。”在推理故事教学中，培养学生独立思考能力显得尤为重要。让学生独立思考、思维发散，是培养学生创新思维的有效途径之一。学生在推理故事中，自己发现问题并尝试从多方面进行解答，敢于发表自己独立的见解。这不仅仅加深了对知识的理解与把握，而且能够产生思维碰撞的火花，进一步提高创新的热情。教师应鼓励学生积极思考，充分发挥主观能动性，不断提高创新能力。

思维之妙用①

无论是教学新词汇还是复习旧词汇，教师都可以启发学生由表及里、由此及彼，把两个或多个词汇通过发散性思维巧妙地联系起来。

例如，在教学单词 piano 时，教师可以将 piano 这一乐器作为思维发散点，启发学生展开联想，如 guitar，violin，drum，flute，Chinese fiddle 和 accordion 等。学生的想象力是丰富的，关键在于教师如何引导，如何培养学生的学习习惯，如何帮助学生探究他们感兴趣的问题，并为学生自主解决问题创造条件。

教师创设了一个良好的学习气氛，学生在这个轻松愉快的氛围中尽情想象，自由发挥，学习英语的兴趣大为提高。推理故事教学，使学生由原来的被动学习者转变为能够自主独立解决问题的创造者，教学效果明显提升。

一、 营造民主氛围， 促进思维发散

心理研究表明，人的心理状态会受到气氛的影响。在课堂上，学习气氛很大程度上影响学生的学习活动。教师应该着力创设一个民主、自由的学习气氛，让学生发散思维，积极解决问题。教师要学会“放权”，给予学生自主的学习权利，让学生敢于思考、善于思考和乐于思考，学会发散思维，以创新解决问题的策略。教师不应一味否定学生的想法，而应善于发现学生的闪亮点，给予恰到好处的鼓励。学生的想法即使是错的，教师也不应对其训斥，相反，应给予鼓励与引导。如此，学生受到鼓励，才会敢思、敢想、敢表达。

二、 激发学生讨论， 提高认知水平

由于学生的思维方式、认知水平、情感体验的差异，学生看待问题的角度必然存在着差异，他们经常会对一些关键性问题产生一些不同的看法。这

---

① 许静．浅谈发散性思维在英语词汇教学中的运用［J］．太原城市职业技术学院学报，2009，(3)：19－20．题目为作者所加。

时，教师倘若能够把握机会，引导学生围绕关键问题进行讨论，就能有效提高学生的认知水平。教师激发学生对推理式故事进行争论，首先，要有较强的教学组织能力，创设较为活跃的学习气氛。其次，应以平等的身份与学生对话，允许学生发表不同的意见，尊重“异见”“误见”，让学生在争论中发现问题，从而提高认知水平。最后，要对学生的争论进行及时的启发，及时反馈，切实提高推理故事教学的效果。

三、 教给思考方法，引导学生创新

思考方法是学习的“钥匙”，培育创新能力更是教学的追求。教师应教给学生思考的方法，使其做到举一反三，融会贯通。培育学生创新思维需要强调三点：第一，要培养学生的观察力，引导学生学会提出问题。第二，要围绕教学目标，找准知识“生长点”，有意识地揭示焦点问题和矛盾冲突，以激发学生逐渐深入思考问题。第三，要善于挖掘学生的潜力，鼓励学生发散思维，从多个角度思考问题，从而有创造性地分析以及解决问题。

第三节 推理故事教学的经典课例

利用推理故事进行教学，有助于激发学生的潜能，创新学生的思维，让学生在自由、放松的环境里获取知识，增强自主探究能力。

一、 经典课例

哲学的基本问题①

步骤一：创设情境，故事导入

师：今天，给同学们讲这样一个故事：一天夜里，一群游牧民准备安营

① 高峰华. 高中思想政治课堂教学中故事教学法的行动研究 [D]. 延吉：延边大学，2011年硕士学位论文. 题目为作者所加。

扎寨休息时，忽然眼前闪现一束耀眼的光芒。他们知道这是天神即将来临的先兆，于是都满怀期待恭候着天神。等了许久，终于听到神说话了，“你们要沿着路边多捡一些鹅卵石，把他们放在你们的袋子里。等到明天晚上，你们会非常快乐也会非常懊悔。”说完神就不见了。牧民们都很失望，原本他们还期待着天神能给他们恩赐财富与健康，但没想到天神却吩咐他们做这样一件毫无意义的事情。但是不管怎样这毕竟是神的旨意，他们只好按照天神的话去做。就这样他们又走了一天，当夜幕降临时他们又开始安营扎寨，却发现放进袋子里的鹅卵石竟变成璀璨的钻石。他们高兴极了，也懊悔极了，后悔没有捡更多的鹅卵石。

听完这个故事，对你有什么启示呢？

（学生们开始纷纷议论）

生甲：我觉得这个故事告诉我们，做人不能贪心，应知足常乐。即使自己没有得到那么多由鹅卵石变成的钻石，也不要去懊悔什么。

师：同学们都说得非常好。其实故事中的道理到底是什么，每个人有每个人的不同理解。在这个故事里出现了天神，世界上真的会有神灵的存在吗？神会告诉我们哪里有钻石，哪里有宝藏吗？

步骤二：围绕主题，展开教学

师：今天，我就想和同学们一起来探讨世界的本原是什么？在古希腊，哲学家泰勒认为这个世界是由水构成的，而赫拉克利特则认为世界是由一团永不熄灭的火构成的。中国古代也有五行说，把金、木、水、火、土看作是构成这个世界的基本物质。

那么，这种观点尽管不科学甚至过于简单化，但它毕竟否定了世界是由神创造的，认为世界是物质的。另外还有一种观点，认为这个世界是先有意识后有物质，不是物质决定意识而是意识决定物质。

显然，哲学的基本问题就是思维（意识）和存在（物质）的关系问题。

请同学们快速阅读第10、11页，思考一个问题：我们在理解哲学的基本问题时要从哪几个角度去把握？

生乙：哲学的基本问题包括两个方面的内容：一是思维和存在何者为第一性的问题，依据对这个问题的不同回答，我们划分了唯物主义和唯心主义。二是思维和存在有没有同一性的问题，即思维能否正确认识存在的问题，对于这个问题的回答我们又划分了可知论和不可知论。

师：非常好，同学们要学会快速阅读教材提取有效信息，并培养自己的概括和表述问题的能力。那么，谈到对哲学的基本问题第一个方面的理解，我又想起了一个故事——《庄子梦蝶》。

两千多年前，庄子有一回梦见自己变成了一只蝴蝶，醒来之后他提出了一个怪异的问题：究竟刚才是庄子梦见自己变成蝴蝶，还是现在蝴蝶梦见自己变回庄子？大家都没有觉得他是疯子，反倒认为他是一个大哲学家。

庄子提出这个问题貌似荒诞，但却是一个值得探讨的哲学问题，就是我们凭感官感知到的事物是否真实地存在着？庄子是怀疑的，他认为梦里出现现实中本不存在的东西而我们在感觉上却认为它是存在着，这证明感觉是不可靠的，证明现实中会有很多错觉，是像梦一样的假象。因此，这个故事进一步论证了，存在（物质）才是世界的本原。

哲学基本问题的第二个方面，其实简单地说，就是世界能否被正确认识的问题。可知论认为思维能够正确认识存在，而不可知论则认为思维不能认识存在或至少否认彻底认识世界的可能性。

那么，同学们觉得这个世界到底是可知的还是不可知的呢？

（同学们异口同声地回答，世界是可知的）

师：我一直有个疑问，想让大家帮助我解答一下。一根筷子放进水里，看上去明明是弯的，为什么被断定是直的呢？

（同学们七嘴八舌起来，“折射，老师都不知道？”）

师：这个答案，老师当然知道啊。可不可知论者却不知道，他们认为世界是杂乱无章的偶然现象的堆积，人们的认识水平是有限的，不可能去认识世界。就像英国的休谟曾经说过："知觉是唯一的实在，知觉之外，一切不可知。"

刚才我们共同探讨了庄子梦蝶的问题，那么对于世界到底是可知还是不可知的问题，庄子跟他的朋友惠施也曾讨论过。庄子跟朋友惠施在外散步，看见桥下的水里有好多鱼在自由自在地游来游去，于是，庄子慨叹："鱼从容出游，是鱼之乐也。"惠施却说："子非鱼，安之鱼之乐？"庄子反问道："子非吾，安知我不知鱼之乐耶？"惠施马上说："吾非子，固不知子之乐矣；子非鱼，固不知鱼之乐也。"

听完这个故事，请同学们讨论一下，如果世界是不可知的，那么今天我们会生活在一个什么样的环境里？

生丙：应该像原始人那样吧，穿着树叶，一起打猎。

生丁：我觉得要是世界不可知，我们就不需要上学 ，学习就变成一件毫无意义的事情了。科学也不会发展，人类也不会有任何发明创造了。

师：大家总结得很好，其实世界是可知的，只是世界上还有一些人们尚未认识的事物而已，那么对于未知世界的探索就需要同学们你们努力了。

步骤三：总结课堂，拓展教学

现在我们一起回顾一下这节课的知识网络，请同学们边思考边动手，把知识网络写在学案上。

（略有删改，编者注）

二、 实施规则

在《哲学的基本问题》的教学中，教师运用了推理故事进行教学，不断激发学生的求知欲，深入学习，最后使学生透彻理解哲学的基本问题这个知识点。

（一）精心设计，确保有效

推理故事教学必须在精心设计的前提下进行，倘若教师随便拿一个推理故事进行教学，不但得不到理想的教学效果，反而会造成课堂“失控”，影响教学的顺利进行。教师必须精心设计“教学情节”，以确保推理故事有效运用。这不仅是为了教师顺利进行教学，也是为了学生乐于学习。精心设计“教学情节”，要考虑使用什么推理故事、怎么使用好推理故事等，力求达到教与学的最佳效果。

（二）循序渐进，化难为易

故事教学的起点不能够太高，不能一开始就强迫学生接受较难的知识。要根据学生的认知规律，由浅入深地开展教学活动。为了使学生更好地接受新知识，教师的引导需要循序渐进：第一，有效利用探究式故事导入教学，使学生初步感知故事。第二，根据教学目标提出问题，引导学生深入探究。第三，根据学生的质疑问难，进行发散性思维，以培养创新能力。循序渐进、化难为易的教学，不但符合学生的认知规律，而且切合探究式故事教学的推理性。

（三）引导探究，拓展教学

在推理故事教学中，教师不应充当问题答案的给出者，而应该是顾问，是引导者。教师要引导学生探究问题，并对重点、难点问题进行多角度、多层面的探究，以便拓展学生的思维空间，使他们的个性得到充分的发展。教师更要拓展教学，从课内延伸到课外，开拓学生视野，创新学生思维，真正发挥推理故事教学的作用。

三、 实施方式

（一）创设平台，激发学生潜力

为了让推理故事教学的实施达到最佳的效果，教师要花大力气创设一个好的平台，力求自由、民主与开放，既方便学生参与教学活动，又方便教师开展教学活动。在推理故事教学过程中，学生的潜力需要教师去开发。教师要信任学生，相信学生能够学得更好；教师还要鼓励学生敢于发表自己的见解，让学生成为这个“舞台”的主角。教师应用一颗“爱心”进行教学，激发学生的潜力，达成教学目标。

（二）合理期望，发展学生个性

“合理期望”是指教师对学生可能发展方向的一个设想，学生在教师的“预期”之下，会格外积极主动地学习，向着教师所期望的方向发展，取得很好的教学效果，这就是由美国著名心理学家罗森塔尔和雅各布森提出并在教学上予以验证的“皮格马利翁效应”。在推理故事教学中，教师不应“吝啬”自己对学生的赞赏，应对学生的各种尝试和探究给予支持与鼓励。

也就是说，教师要通过自己对学生的期望来不断推动学生的发展，让学生在受关注的情景下取得发展。显然，教师结合学生的特点而制定的合理期望，发展了学生的个性，让学生变被动的学习为主动的学习，使“潜能”转为“显能”成为可能。

（三）适当设疑，引导学生探究

德国教育家斯多惠说：“教学的艺术不在于传授本领，而在于激励、唤醒、鼓舞。”在推理故事教学中，教师必须唤醒学生潜在的学习欲望，激励学生，引导学生进行探究，从而掌握知识。相对而言，学生会常常感觉到，在教师设计的疑难情境中，自己想要学习的愿望会变得更加的强烈。教师运用推理故事进行教学，要学会设疑、善于设疑，利用推理故事中的难点、疑点吸引学生投入学习活动；利用问题情境，引导学生进行探究学习，让学生在探究中构建新知。在这一个过程中，有效提高学生的自我效能感，激励学生更加积极主动地投入到推理故事教学中。

第四节　推理故事教学的应变方法

推理故事教学作为一种较有实效的教学方式，对于克服呆板的教学弊端、培育学生创新能力，无疑大有裨益。然而，要更好地开展推理故事教学，还必须掌握其应变方法。

一、把握方向

在推理故事教学中，把握教学方向，对学生进行恰当的指导是非常重要的。教学是否成功，主要是看教师能否紧紧把握方向，并且达成教学目标。然而，有的教师单纯追求有趣，却忘记了教学目标，结果课堂虽然热闹，却是徒劳无功。

教师必须紧紧把握教学方向，使推理故事符合教学的需要，而不是只满足于课堂气氛的制造。教师只有握住教学的“方向盘”，合理地指导学生进行学习，才能达成教学目标。

比如，在教学圆周率“π”时，有位教师却讲述了高斯的故事。虽然倾尽全力，却由于没有把握教学的方向，结果一塌糊涂。教师意在打造一个“热闹活泼”的课堂，让学生学有趣、思有果，而学生实际成为“旁观者”，找不到学习方向，学习效果必然无从说起。

二、适时提问

心理学家鲁宾斯坦指出：“思维过程最初的时刻通常是问题情境。”教师的适时提问，可以对学生的学习起到“推波助澜”的作用。与此同时，教师必须掌握提问技巧，尽量避免“流水式”提问。单纯的“教师问学生答”的模式会扼杀学生的创造力，一些没有价值的问题将会影响学生的学习效果。一些教师不重视课前准备，缺乏提问技巧，随意提问，这不仅严重挤压学生的思考时间，而且抑制了学生的创造力。

需要指出的是，提问必须具有一定的价值，应具有价值性、质疑性、兼容性以及探索性。教师应尽量避免什么问题都问，“问”必须适时，并且巧妙，能够最大限度地激发学生的学习欲望，激活学生的思维。教师只有掌握提问技巧，善于发问，推理故事教学的开展才会事半功倍。

比如，在教授《7的乘法口诀》时，教师使用了推理故事进行教学。教师向学生提出了一连串的问题：你在故事中得到什么？你听懂了这个故事了吗？你喜欢这个故事吗？你在故事里有没有发现一些问题？你怎么理解这个故事？教师的提问看似严密，实质没有价值，都是泛泛而谈，问得多余。教师没有掌握提问的技巧，教学效果适得其反。

三、 关注学生

在课堂中，一些教师漠视学生的表现，面对学生的一脸茫然、不知所措，都没有采取必要的措施。好的教师应关注学生，并善于应对学生的不知所措。

比如，一位教师讲《万以内退位减法》一课，运用了推理故事《找零钱》，并加以绘声绘色的表演。但是，有的学生听非所讲，有的学生茫然不知，教师没有注意到学生这种“微妙”变化，还是自顾自地讲故事，结果可想而知。教师应时刻关注学生的状态，关注学生的情绪，并及时调整教学计划，让教学顺利进行。

概而言之，推理故事教学若要真正发挥实效，推理故事本身重要，教师的运用以及学生的态度也很重要。运用推理故事进行教学，教师需要了解推理故事的特点，并且能够结合教学内容娴熟运用。

第六章　精察细品：生活故事教学

我国著名教育家黄现璠曾给“生活”这样定义：“生活，狭义上是指人生存期间为了维生和繁衍所必需从事的不可或缺的生计活动。它的基本内容即为衣食住行；生活，广义上指人的各种活动，包括日常生活行动、工作、休闲、社交等职业生活、个人生活、家庭生活和社会生活。”“生活故事”对于中小学生而言，主要是指以写实的手法，表现该年龄段学生的日常生活，包括家庭生活、学校生活、社会生活等，表现人们的生命情态和心灵世界。生活故事教学是指把书本知识置于生动的生活故事中，让学生从生活中寻找知识原型，更好地理解学习内容，有助于学生接受新知识。

第一节　生活故事教学的适用规则

显然，在生活故事教学中，掌握了适用规则就等于掌握了成功的秘诀，因为它对教师整体把握生活故事教学的关键点以及如何有效开展教学都有着重要的规范作用。倘若盲目进行教学活动，则往往会陷入困境。可见，掌握适用规则对于生活故事教学具有很大的意义。

独特的乘车之旅[①]

有位教师在教学“100以内数的大小比较”时，给学生讲了这样一个故事：今天是小宝的生日，小花和小丽约好，一起去郊外给小宝庆祝生日。但是去郊外要坐公交车呀。小花和小丽一大早就到了车站，买好车票。小花的座位号是23，小丽的座位号是25。过了一会儿，公交车司机开着中巴车来了。公交车司机想要考一考小花和小丽，问她们说：谁的座位号数大谁就先上车。但是小丽和小花在学校都没有学过比较两位数的大小啊，都是你看看我，我看看你，不知道怎么办才好了。她们想要回去问问妈妈，但是时间又不允许。小朋友们，你们能够帮帮小花和小丽吗？学生个个跃跃欲试，积极性很高，谁都想帮助小花和小丽。教师及时加以引导，学生很快学会了两位数比较大小的方法。生活故事教学，是把若干新知渗透到奇妙有趣的生活故事情节、场景之中，以故事中的问题解决为需求，激发学生在环境中发现问题、分析问题、解决问题的兴趣和自信，认识“做中学”的价值，培养学生将“知识与技能”“过程与方法”“情感态度价值观”进行整合创新的规则、技巧。让学生根据生活经验和已有知识设计富有情趣和意义的活动，使他们有更多的机会从周围实际生活熟悉的事物中学习知识以及理解掌握知识。很显然，利用好生活故事，投其所好，使学生能够在解决实际问题中有效掌握知识。（略有删改，编者注）

教师懂得对学生“投其所好”，在教学过程中选择了一个具有“生活味”并有针对性的生活故事，这充分体现了以生活为载体的教学理念，同时为学生创造了良好的学习情境，引发学生认知冲突，达到对问题的认识与解决的深化作用。

---

① 邹焕玉．论一年级数学教学中快乐教学的运用［J］．小学生·教学实践，2011，（6）：40．题目为作者所加。

规则一：师生具有双向意愿

为了让生活故事更好地服务教学，教师应该高度关注学生的情感，深入了解学生的想法。其中，包括学生喜欢什么样的教学形式，是否喜欢教师选择的生活故事，这些都成为成功教学的关键。倘若教师“一厢情愿”使用生活故事进行教学，不去理会学生的感受，那么，这样的教学难以产生真正的效益。只有“迎合”学生的心意，尊重学生的想法，才能真正发挥生活故事的教学作用。值得提醒的是，一旦选择了生活故事教学，教师不仅要利用“生活场景”进行故事教学，还要考虑各方面的因素，在师生双方意愿一致的情况下，高效使用其进行教学。这样，学生才会在积极的状态下投入到学习中去。

例如，一位教师在没有做任何调查的情况下，也不理会学生的想法，就进行生活故事教学活动，但是学生的积极性不高。实际上，生活故事教学本身没有错，只是由于教师并不了解学生的真正想法，不是“两厢情愿”，才导致教学效率低下。显然，若要有效运用生活故事教学，前提是充分尊重学生，深入了解学生。

规则二：教师敢于大胆创新

敢于创新，是生活故事教学取得成功的又一关键。在教学过程中，教师如果畏畏缩缩，瞻前顾后，教学就很难达到预期效果。一开始，教学可能遇到一定的阻力。在这种情境下，教师必须突破传统的束缚，敢于面对挑战，善于把生活故事的优势运用于教学，突出生活故事的“魅力”。创新教学方式，并非一朝一夕就可以完成，这不仅需要先进的教学理念，更需要勇于实践的勇气。

规则三：教师懂得精察细品

若要生活故事真正适用于教学，教师必须懂得精察细品，既要拥有对生活敏锐的观察力，也要善于发现生活中有教学意义的故事。教师只有懂得精察细品，才能筛选出有针对性的、有教学意义的生活故事，才能有助于实现教学目标。只有善于观察与提炼，才能“小题大做”——巧用生活小故事促进教学，有效达成教学目标。如果教师平时不太留意生活故事，进行教学时勉为其难地用生活故事方式教学，往往会显得沉闷、呆板，难以引起学生的共鸣，更无法唤起学生的好奇心，课堂缺乏生气且毫无意义。进行生活故事教学，教师应掌握适用规则，大胆创新运用方式，关注学生情感，力求获得最佳的教学效果。

第二节　生活故事教学的运用方式

陶行知先生的“生活即教育”理论指出，“生活决定教育，教育就应来源于生活，用生活来教育，为生活而教育。”很显然，学生只有对学习内容产生兴趣和热情，才能把注意力集中到其中。生活故事就是一把火把，吸引学生不断前进。在教学过程中，教师应高度关注学生的生活，为学生提供多种学习资源，激发其学习兴趣，活跃其学习思维。同时，教师应懂得利用生活小场景进行教学，赋予知识以生命力，为学生的学习插上想象的翅膀，促使教学更加富有成效。

方式一：联系生活，有效融入

心理学研究表明，学习内容和学生的生活背景越接近，学生自觉接纳的程度就越高。学生的学习活动应是一个主动积极、富有个性的探究过程，教师的重要任务是让学生主动思考，建构知识意义。教师应洞悉生活，使教学扎根于生活的沃土，让学生在学习中感受生活，获取知识。教师如果把书本知识恰如其分地与生活故事相连接，则可激活学生的相关生活经验与学习兴趣，促使学生以一种主动、渴望的态度进入学习。

一起走进生活[1]

在学两位数的加法时，教师创设了一家玩具店的场景，并给每样玩具标上价钱。然后给学生讲述：小周和小美是好朋友，今天是小美的生日，小周想要在玩具店买两件玩具送给小美。小周挑了这两件礼物，他一共付了15块钱，你知道小周怎么算的吗？假如让你买自己喜欢的两个玩具，你知道付多少钱吗？这下，学生的兴趣来了。平时，学生只会笔算两位数的加法，一下子口算有些困难，所以无法立刻说出应付的钱。这样一来，学生口齿不清的情形就避免了。他们能够很自然地明白所需，并知道所付钱数。这样，学生学习的主动性也就自然产生了。结合生活中的情景，学生一下子解决了数位对齐这一重点，然后很自然地算出所付的钱数。

教师紧紧把握住学生的心理特点，通过创设玩具店的场景，把数学知识很好地融入生活故事中，让学生身临其境。此外，给予学生真实的体验，极大地激发了学生学习数学的兴趣，使学生对知识的理解更加深刻。

一、创设生活情境，搭建知识桥梁

教学应紧密联系学生的生活实际，从学生的经验和已有的知识出发，创设与学生生活环境、知识背景密切相关的，又是学生感兴趣的学习情境，引导观察、质疑、探究等活动。创设与生活相接近的情境，是激发学生学习兴趣的重要方法。通过创设情境，让学生通过“体验生活”来获取知识。另外，教师为学生创设熟悉的生活情境，让学生置身其中学习知识，这样，知识就会变得具体、生动、直观，能够更好地激发学生的求知欲望，进而乐此不疲地学习。在生活故事教学中，教师创设的情境要贴近学生的生活，把书本知识与生活故事有机结合起来，把抽象难懂的书本知识转化为具体生动的生活知识，力求有效开展教学活动。

---

① 朱瑾．与生活紧密连接，实施数学课堂有效教学［J］．新课程学习（中），2012（12）：46.

二、创新教学内容，引导建构知识

教师“不是教教材，而是用教材教”。在生活故事教学中，教师应根据教学需要，对教材进行补充、拓展以及重组，创新教学内容。创新教学内容可以从以下两方面下手：第一，重视知识与生活素材的有效结合。借着具体生动的教学材料，帮助学生自主内化知识，提高学生的学习能力。第二，综合生活经验和书本知识，通过对教材的优化，进一步提高学生学习的积极性。

三、汇集集体智慧，突破教学瓶颈

教师应放下架子，多与学生商量，力求汇集大家的智慧，让生活故事更好地走进课堂。学生可以向教师提供各种生活故事，让教师拥有丰富的生活故事教学素材；教师也可以把部分教学任务分派给学生，一方面可以强化学生的主体意识，另一方面也可以减轻自己的教学工作量。总之，在开展教学的初始阶段，师生间、生生间不妨多交流，有什么问题尽可能地协商解决，让集体智慧之花在课堂中绽放。

方式二：有效迁移，提高效率

在生活故事教学中，教师除了利用生活故事来讲授知识，还应引导学生有效迁移知识，这样才有助于促进学生学习。指导学生迁移知识，可以通过以下两个途径：第一，巧设疑问。巧设疑问能够激发学生的求知欲望，激起学生探究的热情。学生在教师引导下，对知识进行再加工，既能体验学习的成就感，又能增强学生的学习信心。第二，类比学习。在生活故事教学中，类比学习是提高教学效率的有效手段。如果每一个知识点都穿插生活故事进行详细解读，会影响教学进度；而学生学会类比学习，效率自然会提高不少。

生活启示①

在教学数列知识应用时，教师给学生讲了一个故事：有一个家庭为了给孩子将来上大学付费，从孩子一出生起，每年都到银行存一笔钱。讲到这里，教师问学生："假设大学四年学费共需2万元，银行储蓄的年利率为p，每年按复利计算，为了是孩子到18岁上大学时，本利有2万元，这个家庭每年要存入多少钱?"在适当的故事中设疑，让学生结合生活中的故事案例分析付款的问题，加深数列知识的应用。类似生活中的故事，不仅能够培养学生的学习兴趣，而且把学生的学习引到一个更广阔的生活实践中去，进而促进了学生的全面发展。

教师有明确的教学目标，精心挑选了合乎逻辑的生活故事，并在讲述故事中巧妙设置问题，为学生指出正确的学习方向，使教学取得预期的效果。

一、明确教学目标，有效引导迁移

明确而具体的教学目标可以有效地建构知识框架。教学目标不明确，教学必是杂乱无章，不仅难以吸引学生的注意力，更不可能有效引导学生进行知识迁移。教师要制定明确的教学目标，并根据教学目标选择生活故事，有序开展教学。

二、巧妙设置疑问，启发诱导迁移

孔子曰："不愤不启，不悱不发。"教师如果巧妙设置疑问，恰到好处地利用问题引导学生进行探究，则可以让生活故事教学发挥更大的作用。教师通过精心设置问题，循循诱导学生思考、讨论以及总结学习方法，学生迁移知识的能力则将得到很大提高。在特定的"问题情境"下，学生兴味盎然，举一反三，既满足了学生的探究欲望，又充分发挥了教师的指导作用。

---

① 王晓燕. 高中数学要回归生活化[J]. 数学教学通讯，2008，(3)：13—15. 题目为作者所加。

三、教给学生学法，确保有效迁移

陶行知先生说：“好的先生，不是教书，不是教学生，而是教学生学。”古人也说：“授之以鱼，不如授之以渔。”教师只有教会“捕鱼”的方法，学生才能自己独立去“撒网”，才能捕捉到属于自己的“大鱼”，做到学有所获。同样，在生活故事教学中，教师应有意识地教给学生学习的方法，例如矫正性反馈训练法，更有利于促进学生的知识迁移。

方式三：感悟体验，有效拓展

苏教版小学语文教材主编张庆教授说，课堂教学最重要的是培养学生自我体验、自主学习的能力和创新的素质。教师应努力加强卓有成效的课堂“对话”，虽然通过“对话”可能得不出什么结论，但换来了学生心态的开放，主体性的凸显，个性的张扬，创造性的释放。换句话说，为了使生活故事教学产生更大的教学效果，教师要加强引导学生表达对生活故事的感悟和体验，在这一交流的过程中培养学生的创新思维，帮助学生进行拓展学习。注重学生的感悟体验，有助于学生对知识获得直观且清晰的印象。在加强感悟体验的拓展上，我们建议做到以下两点：第一，多给学生提供交流体验的机会，比如讨论、提问、质疑等，让学生充分发表见解，为拓展思维打下扎实基础。第二，激情感染。上课要充满激情，并以此感染学生，让学生以更积极的态度投入课堂。另外，教师需要收集足够的教学素材，以便有效进行拓展性学习，不断加深学生对知识的理解。

触动心弦的故事①

在教学命题作文《回家》时，教师给学生讲了生活中一个小女孩回家的故事。故事中的小女孩在迷路的情况下，惊慌害怕，最后在好心人的帮助下，

---

① 郭娜. 如何将语文教学与生活紧密相连 [J]. 新课程学习（基础教育），2010（6）：165. 本文略有改动，题目为作者所加。

顺利回到自己的家。教师很好地把小女孩的心情以及所处的境地淋漓尽致地表现出来，把小女孩“回家”的结果饱含情感地讲述了出来，唤起同学们的情感体验。同时把焦点转移到自己的身上，回忆自己回家的情节以及心情，在生活化的材料的指引下，调动了学生的学习热情。学生从生活故事中和匆匆的脚步里迅速找到了回家的感觉，思绪飘得很远很远。在作文中，他们写出了自己独特的感受以及回到家里的温馨，还写出了他们对家的眷恋与期盼，学生的真情自然而然就流露出来了。所以作文应该回到生活中去，引导学生感悟体验，有效拓展学习材料，从学生生活的海洋中、心灵的波涛里汲取灵感和感情，发现题材和形式，有效指导学生进行写作。

学生的体验感悟来源于他们的生活经历与感受，教师可以通过讲述真实感人的生活故事，引导学生自我体验，提高学生对作文素材的感性认识。

一、 真切体验， 感悟知识

陶行知先生说，“生活即教育，社会即学校。在生活里找教育，为生活而教育。要使得教学成为一泉活水，必须让学生走进生活的世界，让教学因生活而精彩。”强调学生对知识的真切体验。在生活故事教学中，教师创设一种生活情境，让学生在这种情境中获得深刻的体验，从中深化自己对知识的理解。以这样的方式进行教学，有两大好处：第一，能够使学生体会到解决生活中的问题的必要性，从而激发学生的学习积极性。第二，创造学生参与学习的机会，提高学习的自主性以及能动性。教师应根据教学需要，针对性地创设具有生活意味的教学情境，让学生在学习中感悟，在学习中体验，以有效达成教学目标。

二、 应用巩固， 深化拓展

心理学家皮亚杰指出：“只有要求儿童作用于环境，其认知发展才能顺利进行，只有儿童对环境中的刺激进行同化和顺应时，其认知结构的发展才能得到保障。”将此原理运用到教学中，就要求教师注重学生对知识的运用。对于学生而言，知识是需要深化巩固的，这样才有助于促进学生自我拓展学习。在知识深化巩固阶段，传统的教学以训练为主，而在生活故事教学中，则以讨论为主。比如，由学生组成学习小组，寻找与“乡村生活”相关的素材，并运用所学知识对其进行分析。通过发现、运用、巩固等过程，学生能够加深对知识的理解。显然，这样的拓展学习，能够给学生提供广阔的思考、实践空间，使学生获得对知识的深刻认识。

三、 延伸课堂，扩充知识

在生活故事教学中，学生除了掌握基本知识，还可以通过拓展来扩充知识。结合生活故事，对教学内容进行具体分析，建构学生所能够理解和接受的知识体系。从某种意义上来说，狭隘的学习空间无法让学生大展拳脚，阻碍了他们的求知欲和好奇心。要借助生活故事这个载体，为学生打开知识世界之门，引导学生认识生活，探索新知，力求做到举一反三，形成能力。

第三节　生活故事教学的经典课例

生活故事教学主要是利用生活故事创设生活情境，把知识与学生生活相联系，让学生有身临其境之感；唤醒学生主动解决问题的内在动力，促进学生主动参与课堂，从而进一步理解教学内容。这种教学方式强调关注学生的生活，注意挖掘学生的潜能，有助于提高学生自我学习能力以及学生自我效能感，进而提高学生利用知识解决实际问题的能力。

一、 经典课例

故事让理解更深刻①

步骤一：准备活动

师：同学们，在课开始之前先跟老师唱一首“what are you wearing”好吗？

生：（齐声）好！（学生兴趣浓厚，学习情绪高涨）

（歌声响起，随着音乐进入了课堂教学，有效导入故事课堂）

步骤二：复习回顾

师：今天，老师给你们带来一个关于Mary的故事，昨天是Mary生日，但是在Party上Jack不小心把Mary的衣服弄脏了，Mary很生气，为了给Mary道歉，他急急忙忙地去帮Mary买了一件新衣服，那么大家猜猜这是一件什么样的衣服呢？

（学生在故事的情境下，各抒己见，课堂气氛活跃自由，有效提高学生自我学习能力）

（这一部分涉及的单词，既有上节课A部分新学过的单词，也有上一学期“Clothes”一课中学过的单词coat，pants，有效地巩固了知识）

步骤三：呈现过程

师：Mary明天还要参加一个晚会，但是她不知道挑选哪一件衣服比较好，J觉得红色衣服比较好看，但是K觉得黄色更优雅，而最后Mary说：“I like blue clothes，It’s pretty！”那么同学们，如果给你们选，你们会选哪一件衣服去参加晚会，你为什么选那一件衣服呢？大家说说自己的看法好吗？

生：I like... because...（学生积极回答问题，在互相交流中体验知识，主动建构知识）

---

① 陈玲，刘禹. 跨越式实现高效课堂［M］. 南京：江苏教育出版社，2011：170—171.

步骤四：学习操练

师：同学们，刚刚的交流愉快吗？

生：愉快！（欢呼）

师：我们现在再来对故事进行角色扮演，哪个勇敢的同学可以给其他同学示范一下，也给老师展示一下。来，下面我们来“试衣服”。

生 1：我先来挑，I like...

生 2：我也要！……

生 3：我也来！……

（通过创设与现实生活紧密相连的生活故事场景，学生在角色扮演中主动运用英语进行交流探索，理解并熟练掌握 Clothes 与 Wearing 等单词以及句子，取得良好的教学效果）

步骤五：拓展活动

拓展活动对于生活故事教学来说是很必要的。本节课，教师要求学生在下一节课穿上自己最喜欢的衣服，并给爸爸妈妈用英文说明理由，也可以在周围人的身边做一个小调查，用英语进行调查活动。这样，让学生将课堂学到的知识运用到实际生活中去，解决实际问题。通过这样不断反复地运用复习，学生有效掌握并巩固了知识，让学到的知识得到有效的综合利用。（略有删改，编者注）

二、 实施规则

教师要立足于生活，善于挖掘生活小故事，并巧妙地融入教学，充分激发学生的学习兴趣，有效提高学生学习的主观能动性。合理、适时穿插与学生生活密切相关的小故事，缩短学生思维跨度，从而使学生有效建构新知。

（一）立足生活，找准回归知识的切入点

美国教育家杜威认为，教育就是学生生活本身，学生的课堂生活就是学

生的成长，学生具有交际、探究、制作和艺术兴趣和本能的自然展现，就是学生生活。很显然，在生活故事教学中，教师应该立足于生活，寻找与知识相联系的生活故事，同时找准故事回归知识的切入点，只有这样才能把学生置身熟悉的生活情景，并积极调动相关的知识经验，主动地获取新的知识。因此，教师需要明确教学目标，精心选择生活故事，找准回归知识的切入点，让学生在解决生活问题的过程中获取知识，深化认识。

（二）挖掘资源，提升课堂教学的着力点

在生活故事教学中，学习效果的好坏、教学效率的高低，关键看教师是否找到教学的着力点，让学生始终处于积极的学习状态。要做到这一点，教师必须既能够依据教材又不拘泥于教材，充分挖掘和利用与教学相关的生活故事素材，创造出更好、更有效、更有趣的课堂，让学生充满热情地去探讨研究，主动获取知识。

三、 实施方式

（一）优化手段，丰富教学形式

丰富教学形式对于取得更佳的教学效果而言显得尤为重要。不难发现，学生对于新鲜事物普遍具有较为高涨的学习热情，为了提高学生学习兴趣，教师应优化教学手段，丰富教学形式，使知识以新鲜的面目呈现在学生面前。可以参考以下两种途径：第一，丰富呈现的形式，除了教师口述，还可以通过视频、扮演等方式呈现。第二，创新实施的方式。比如讲授、谈话、讨论等，让学生在“头脑风暴”中互相交流，碰撞出创新思维的火花。

（二）有效互动，挖掘学生潜能

教师应把课堂还给学生，鼓励学生积极交流，有效互动。教师如果仅仅是照本宣科，不注重师生之间或生生之间的深入交流，就不可能满足学生的学习需要。有效的互动能够避免出现教师唱独角戏的情况，获得“教”与“学”的共振。

第四节　生活故事教学的应变方法

生活故事教学旨在通过一些贴近学生生活的小故事，激发学生的学习兴趣与热情，有效开展教学活动，从而达到教学目标。为了充分发挥生活故事教学的作用，教师应了解并掌握其应变方法，这样才会使教学过程显得生动活泼，同时充满独特的魅力。

一、关注学生，避免脱离实际

有效开展生活故事教学，最为关键的是尊重学生的主体地位。在生活故事教学中，教师不应盲目使用生活故事，而应选择学生可以理解并能对之产生兴趣的生活故事，让学生会学、乐学，从而达到应有的教学效果。否则，教学将处于被动。

比如，教学一年级数学，如果缺乏了解学生，讲述超越学生认知水平以及思维水平的、与学生生活情境不相符的生活故事，那么，教学必然是低效的。皮亚杰的儿童认知发展理论认为，一年级学生正处于具体运算阶段，其思维特点具有直观性，对于抽象的语言推理还不能进行，认知离不开具体事物的支持。倘若教师使用具有思维难度的生活故事，不但不能引起学生的注意，反而使教学处于困境。

尊重学生的主体地位，教师应深入了解学生，包括学生的心理特点、认知水平以及具体学情等，力求做到因材施教，激发学生的求知欲，以顺利达成教学目标。

二、关注过程，避免课堂混乱

在生活故事教学中，放手让学生进行学习，并不是“放羊式”的放任自流。也就是说，教师必须有效地掌控课堂，引导学生主动学习。有效组织教学、避免课堂混乱，是生活故事教学顺利进行的前提，不容忽视。

值得注意的是，教师不能为了课堂教学的“有序性”而拘泥于僵硬的程序，而应让学生在自由的知识天空纵横驰骋，以激发聪明才智。

三、合理拓展，避免流于形式

若要提高教学效益，就要考虑拓展教学内容。但拓展不能流于形式，而应紧扣教学目标，否则往往得不偿失。

比如，教学列方程解应用题，教师给学生讲述了一个和尚挑水的故事，多个和尚一桶接一桶地挑，最后和尚巧妙算出了一共挑了多少桶水。学生热情高涨，很快学会了列方程解应用题。课末，教师给学生一个课外拓展，让学生算算妈妈买菜的分量，学会列方程解决生活中的实际问题。通过这样的合理拓展，学生学以致用，很好地掌握了列方程解应用题这一知识点。

拓展的教学内容应尽可能贴近生活，让学生在较为熟悉的故事原型下，根据自己的生活经验，通过解决问题获得能力。

四、强调激情，避免沉闷气氛

激情是一种强烈的精神状态，德国教育家第斯多惠在《德国教师教育指南》中说：“教学的艺术不在于传授的本领，而在于激励、唤醒、鼓舞。”在生活故事教学中，师生热情参与，才能充满激情，促进学生对认知的渴望。首先，以心激心。教师充分调动学生的学习热情，促使学生积极投入学习之中。其次，勇于创新。根据教学需要，改进或创造新的生活故事，以有别于常规或常人思路的见解培养学生的散发性思维。创新是人类特有的认识能力和实践能力，是人类主观能动性的高级表现形式。缺乏激情的教育是一潭死水，难以培养具有特别见地的学生。

生活故事教学可以使枯燥的学习变得妙趣横生，具有“生活味”，使原本抽象的知识变得具体形象，教师教得轻松，学生学得快乐。若要使生活故事教学的效益最大化，就应尊重学生的主体地位，关注学生的生活，使教学与生活紧密结合，力求教学富有成效。

第七章　奇思异想：科幻故事教学

科学幻想简称科幻，意思是“用幻想艺术的形式，表现科学技术远景或者社会发展对人类的影响”。科幻故事通过曲折紧张、扑朔迷离的故事情节，瞬息万变的故事人物命运，丰富的科学知识以及细节逼真的美妙幻想，把读者时而带进险象横生的环境，时而带进充满诗情画意的美妙情境。科幻故事的思想性是人类智慧的精华，更是思想的结晶。

科幻故事引人入胜，这无疑激发了学生无穷的好奇心。科幻故事教学以其丰富的科学情感、生动精彩的故事情节，以及妙不可言的故事内容使抽象的科学知识产生磁铁般的吸引力，深深吸引着学生积极想象、主动探究，让学生不仅获得艺术的享受，更收获科学知识。

第一节　科幻故事教学的适用规则

科幻故事教学是根据具体的教学条件以及需要，以科幻式故事的方式向学生讲授知识，引导探究，使学生在轻松、愉快的学习情境下思考问题及解决问题的活动，对提高学生的想象能力有很大的帮助。科幻故事教学要遵守适用规则，以确保在实施过程中的有效性。

适用的才是有效的

在教学有关水果的英语单词时，教师并没有使用单调的、呆板的教学方式教学这几个水果单词的拼写，而是把这几个水果单词用在学生熟悉的生活场景中，把它们编成一个有趣生动的科幻类故事。一上课，教师就对学生说："同学们，今天老师会给你们讲一个故事，故事的主人公是一只会飞的小猴！"说完，学生的兴趣立即被激发出来，聚精会神地听讲。故事说的是一只会飞的小猴，想要偷吃水果，但是小猴偷吃东西的过程并不是一帆风顺的，小猴遇到了许多怪兽的阻挠。小猴每要吃一个不同类型的水果，就必须通过怪兽们的考验，也就是要拼读正确这个水果单词。会飞的小猴觉得有困难，于是想要放弃，但是又很想吃水果，最后，在一番努力学习之下，拼读出"banana"这个单词。然而，小猴还想吃其他水果，同学们要帮帮它。于是教师告诉学生，按照小猴的方法，学习这些水果的拼读。学生自然而然进入故事情境，于是就产生了学习这些水果英语单词的兴趣，最后在师生交流合作之下，学生掌握了 apple，banana，orange，pear 等水果英语单词，高效达成教学目标。（略有删改，编者注）

教师采用了适合用于辅助英语课堂教学的科幻式故事，让学生置身充满科幻性与趣味性的故事情境中，激发学生积极参与学习活动，充满热情地去解决问题，进而掌握知识要点。

规则一：教师拥有故事教学理念

科幻故事教学只有成为教师的一种自觉教学理念，才能从本质上把握故事教学的内涵，把科幻故事教学真正落到实处。要做到这一点，教师要对科幻故事教学有一个正确的了解。第一，科幻式故事并不是为了营造"轰轰烈烈"的热闹课堂，更不是为故事教学而故事教学。第二，科幻故事教学不是摆空架子，它是有效教学的载体。第三，教师要有目的地利用好科幻故事，努力使其成为自己别具一格的教学特色；同时使其成为推动学生学习进步的垫脚石，取得最佳的教学效果。

很显然，如果教师本身不具有故事教学的理念，就不可能使用科幻故事辅助自己的教学；即使使用，也不可能发挥这种教学方式的最大功效。为了科幻故事教学真正适用于教学，发挥最大的教学价值，教师应拥有科幻故事教学理念，以保证科幻故事教学实施的可靠性。

规则二：教学活动面向全体学生

学生的发展水平不可能都是一样的，必然会存在参差不齐的情况，作为教师，必须面向全体的学生，采取最佳的教学策略。要顾及那些被遗忘的、被冷落的学困生，给予他们更多的机会，帮助他们树立学习的信心。

教师还可以根据学生不同的年龄特征以及教学内容，设置具有梯度性的科幻故事活动，包括讲故事、演故事、续故事、编故事等，把握好故事教学的难度，让学生都能以主人翁的角色踊跃参与到学习中来，发展各自的个性，并学有所得。同时在教师的指导下，充分挖掘学生的主体潜能，把课堂激活。

教师如果没有面向全体学生，只是单方面考虑优等生的学习情况，一味要求学生续故事或者编故事，这样固然满足了优等生的学习需要；但是，对于学困生而言，这显然是很有难度的，久而久之，这部分学生就会对科幻故事教学产生抵触情绪，最后对其失去兴趣。由此看来，只有真正面向全体学生实施科幻故事教学，才能保证教学目标的全面达成。

规则三：教学内容具有针对性

在科幻故事教学中，教学效果不理想的主要原因在于教师没有很好地把握故事与知识的关系，或者没有采取具有针对性的教学策略。想要高效达成教学目标，教师必须针对性地处理好故事与知识的关系，采取针对性的教学策略。教师需要注意以下几点：第一，根据教学内容、教学目标来挑选科幻故事。第二，充分考虑教学的重点以及难点，然后根据知识点来设置科幻故事。第三，科幻故事应该是知识性与趣味性的有机统一，而不能只片面追求其趣味性忽视其知识载体的作用。

如果教师置教学内容与教学目标于不顾，采用一些无关要紧的科幻故事，则容易让课堂陷入混乱状态，当然也难以取得预期效果。因此，只有选择引人入胜且蕴含相应知识点的科幻故事，才能发挥其应有的教学。

第二节　科幻故事教学的运用方式

美国教育家西蒙斯说："如果教师能适当使用一种令人愉快而认真的方式教授，那么所有的科学知识，就其本质及关联来说，都充满着趣味。"科幻故事以其不凡的故事与情节，满足了学生富于幻想、不甘平凡、喜欢刺激的心理特点，满足了学生的好奇心与求知欲。教师使用科幻故事进行教学，能够有效培养学生的想象思维能力，有利于发挥学生的创造力，增强学生的横向思维能力；能够有效引导学生发现知识及掌握学习方法。同时，教师还必须注意科幻故事的新鲜性和丰富性。只有这样，才能充分调动学生学习的积极性，从而达到理想的教学效果。

方式一：学用结合，注重实效

动手操作是实现成功教学的一大"法宝"。泰戈尔说："学习必须与实干相结合。"在科幻故事教学中，教师如果只是单纯地讲述故事，则显然满足不了学生的好奇心；学生如果仅仅有故事的"输入"而没有用"输出"，就难以得到比较深刻的体验，使教学难以取得实效。另外，进行操作性学习，有助于解决教师给学生"灌输"故事的隐形弊端，使教学真正达到师生双向互动的高效模式。在教学时，教师应该尽量创造更多的机会，让学生自由发挥自己的想象力，对科幻故事进行续编、续讲，在展示成果的过程中，加深对知识点的理解以及掌握，进而达到寓学于乐的效果。

“用”出来的成功

在教学英语口语 Success With English 第四册的第一节综合复习课时，为了达到辅助学生复习巩固语言知识、训练语言技能、落实语言交际性的过程、体现语言的综合运用的教学目标，教师摈弃了传统的枯燥单词教学，将以上几个复习环节有机整合成一个有趣生动的科幻故事，充分发挥学生的主观能动性，让学生主动投入到课堂的学习中来。首先，教师以“Magic Town”（魔幻城历险记）为主线，引导学生回忆旧知，串联重要知识点，为学生的“说”做好准备。其次，教师给学生讲述了这样一个故事：一个小朋友因为功课很多，所以就幻想着自己去了“Play Land”，然后他做了一个很神奇的梦。梦中这位小朋友发生了很多有趣的事情。教师通过科幻故事的形式，在充分放飞学生想象力的同时，有效地发展学生的听读能力以及综合语言能力。再次，教师鼓励学生对故事进行表演，并对这个小朋友的故事进行续编，让学生自由读一读、演一演、背一背、编一编，然后让学生展示，这一举措有利于发展学生的语言交际能力。最后，教师对学生的表现给予及时评价，使学生能够体验到成功的喜悦，在掌握知识的同时，提升了学习能力，并树立了学好英语的自信心。

这位教师改变了以往单词复习的枯燥与乏味，让学生自己续编故事、表演故事，源于课本又超越了课本。通过轻松而有趣味的续编、表演以及教师的及时点评，学生逐步完善了对知识的理解以及掌握，同时为灵活运用知识打下坚实的基础，进一步提高学生的学习能力以及创新思维的能力。

一、 续编故事，拓展思维

由于科幻故事本身具有浓厚的科幻色彩，能够有效激发学生的想象能力，这为学生续编科幻故事提供了有利条件。续编故事就是鼓励学生对科幻故事进行创造性的改编，这样使学生真正改变被动学习的局面，而变成主动性创造。这既能提升教学水平，又能培养学生的创造力，使学生的思维得到拓展。因此，在学生熟悉科幻故事后，教师应该以学生为主，引导学生积极续编故事，通过各种方法拓展学生的思维能力。

二、展示提升，教师点拨

心理学研究表明，“每个学生都有表现欲，小学生同成人相比，他们更具有爱表现的特征。”学生的表现欲不但会影响学生对课堂的参与意识，也会直接影响他们在课堂上的表现。由此看来，在科幻故事教学中，教师必须给予学生表现的机会，让学生有机会展示自己的劳动成果，比如展示自己的续编故事，分享自己的感受等，这样能够有效保护学生的求知欲，提高课堂参与度。另外，除了注重借学生的展示以提升课堂参与度，教师还应该对学生的表现进行适时、适当的点拨，这样才能让科幻故事教学获得更大的教学效益。

三、评价反馈，有效提升

教师在学生学习成果展示完成时进行及时评价是科幻故事教学必不可少的环节。在课堂上很多知识都是学生主动获得的，但由于学生的个体差异等，学生的学习掌握程度教师不可能即时把握，而且并不能保证每一个学生都能达到理想的教学目标。因此，教师的评价以及学生自评，就能够让学生清楚了解自己在学习中的不足之处，从而完善自己的学习策略，提高学习效率。

方式二：互动合作，激发热情

心理研究表明，“大脑在最优的思维状态之后将会出现短暂的疲劳现象。”由于科幻故事的新颖性，学生在听故事的过程中，大脑始终处于兴奋状态，故事过后，学生很有可能会出现疲劳。为了解决这一问题，教师要学会调整教学方法，调节学生的思维状态，消除学生的学习疲劳。而进行小组合作、互动交流，能在互动中集思广益，缓解学生的疲劳感，振奋学生的精神，激发学习热情，使学生始终保持最佳的学习状态，最大限度地发挥学生的学习潜能。

互动合作出新知

在教学历史课《走向世界的整体》时，教师给学生讲述了《环游地球80天》的科幻故事。第一步，介绍主人公在《环游地球80天》的英国片段故事，使学生对第二次工业革命的背景有了一定的了解，师生适时交流并分享故事中的情节，进而引导学生归纳出知识的要点。第二步，教师讲述《环游地球80天》故事主人公在印度生活的片段，让学生与同伴合作，讨论探究得出第二次工业革命的内容。第三步，教师给学生讲述故事中主人公在美国时候的生活片段，师生交流，在讨论学习中进一步引导学生体会第二次工业革命的影响。第四，教师引导学生对比《环游地球80天》中主人公在印度与美国所见所闻的不同之处，让学生小组讨论，互相交流，总结得出对世界整体化的评价。最后鼓励学生小组对主人公将在中国发生什么样的故事以及会发生什么变化进行设计。在互动中，学生讨论如何正确看待世界整体化趋势，归纳出其既有好的一面，也有坏的一面。通过讲解《环游地球80天》这个科幻故事中英国绅士·霍格的种种故事，学生在生动的故事情节中掌握了世界整体化的知识。

“一枝独秀不是春”，在整个科幻故事教学过程中，教师应始终注重与学生进行交流、讨论。同时，积极推动生生之间进行合作，在合作中实现长短互补。这既提高了学生的学习效率，又培养了学生的合作能力。

一、创设互动情境，激发学习兴趣

托尔斯泰说：“成功的教学需要的不是强制，而是激发学生的兴趣。”只有学生感兴趣的学习内容，才能激起他们的学习热情。但是兴趣并不是与生俱来的，它受到环境、情境等因素的影响。在科幻故事教学中，教师需要为学生创设生动、宽松的学习情境，发起趣味性话题，促使师生在和谐、愉快的情境中实现教与学的共振。

二、 强化生生合作， 提高学习效率

在科幻故事教学中，由于故事本身具有一定的科幻色彩，这可能产生一定的教学难度。为了解决这一困难，教师应鼓励学生集思广益，互相帮助，强化合作。现代心理学研究表明，课堂上的最佳情景就是合作的学习情景。小组合作，在交流中释疑，不仅仅能够帮助“学困生”理解知识，也使学生得到锻炼；同时，培养了学生的合作意识，树立了学生的集体主义意识。

三、 注重师生合作， 促进学习交流

师生合作，在任何时候都显得尤为重要。在教学中，教师与学生的人格地位是平等的。毫无疑问，科幻故事教学更需要教师改变以往“权威”的地位，重视师生间的合作学习，使自己真正成为学生学习的伙伴，这样，才能以平等的身份与学生对话，促进学习的交流。教师应该注重学生自主学习与讲授的结合、课堂讨论与讲授的结合、学生独立思考与讲授的结合，通过这些具体的师生合作学习，不断提高学生解决问题的能力，加深其对知识的理解。

方式三：整合资源，搭建平台

相关研究表明，形式多样、内容丰富的活动有利于激起学生的学习热情。由此看来，科幻故事教学若要使学生的注意力始终保持高度集中，教师就应该善于整合教学资源，搭建学习平台。通常，教师可以通过利用网络等方式，为学生搭建学习平台，在多样、灵活、有效的故事教学方式中，提高学生参与学习的意识，实现有效教学。

让资源变成知识

在教学小学语文第八册作文“编写科幻故事”时，教师以音乐、动画、

图片的形式一步步引导学生进入编写科幻故事的学习中。首先，教师请同学们观看充满趣味的、贴近学生生活的科幻故事动画片《怪兽公司》，激发学生的学习兴趣，营造了轻松愉悦的课堂气氛。接着，引导学生说出故事中的人物、情节以及角色。教师再给学生播放一曲《森林狂想曲》，让学生闭上眼睛，想象音乐中的情景、画面，写出心中所想。最后，教师给学生展示一幅精巧的科幻画，再次引导学生“看图画说故事”，为学生创造想象的天地，同时让学生自由表达心中所想，不仅有效地发挥了学生的想象能力，也有效地避免了天马行空、走马观花的教学。在多种资源的整合下，利用各种形式的科幻故事，循序渐进，使学生逐步明确科幻故事的特征，由自由表达想法到写作科幻故事，进一步激发学生的写作热情。利用科幻故事辅助教学，有效点燃了学生的写作兴趣和潜能的星星之火。

教师可充分利用网络资源，包括音乐、动画、图片等，使学生快速进入学习状态，并引导学生步步深入理解学习内容，以及掌握写作要点。此过程充分体现了整合资源以及设计情趣活动对于学生掌握知识的重要作用。

一、 利用网络资源， 搭建思维平台

网络资源丰富多彩，倘若教师能够充分利用，将会成为科幻故事教学的催化剂，有效促进教学目标的达成。动画、声音、图片、影片等，这些网络资源生动活泼，形象具体，很能吸引学生的注意力，使学生能够在内容广泛、妙趣横生的科幻故事中获得美好的学习体验，潜移默化地实现知识的内化。教师要善于利用网络资源，激发学生的学习兴趣，使其在愉快的气氛中学有所得。

二、 整合教学内容， 设计情趣活动

为了使学生对知识点有更加深入以及全面的认识，教师需要学会整合教学内容。第一，教师必须精心安排科幻故事，使其与教学内容“接轨”。第

二，应该提高拓展技巧，有效整合教学资源。第三，重视学生主体，设计富有情趣的学习活动。这些教学内容的整合，由浅入深、循序渐进，不仅能够有效提高教学资源的利用率，同时发展了学生的思维能力。

三、 采用多种手段， 激发参与热情

苏霍姆林斯基说："在儿童感到惊奇、赞叹的时刻，好像有某种强有力的刺激在发生作用，唤醒着大脑，迫使它工作。"可根据教学内容和学生实际，利用音频、视频等电教媒体，把科幻故事化静为动，化无声为有声，化抽象为具体，增强科幻故事教学的表现力，激发学生的学习兴趣。

第三节　科幻故事教学的经典课例

科幻故事教学不但能丰富教师的教学手段，使教师的教学更加富有魅力，且能增添课堂情趣，提升教学效率。一节用科幻故事引领的精彩课堂，往往使师生沉浸在美妙的氛围中，在解决教学难题，获得新知的同时，产生愉悦的情感共鸣。

一、 经典课例

一把适合的"钥匙"

步骤一：新课引入

师：在上课之前，老师想请同学们来一起欣赏一首歌曲！

（播放《海底两万里》主题曲《Blue Water》）

师：同学们，你们有没有听过这首歌曲呢？好不好听？

生：好听！（异口同声）

师：下面老师就和小朋友们一起来走进这一个奇妙的科幻世界吧！

（听过一首欢快的歌曲后让学生以一份好的心情开始英语之旅，激起学生

学习兴趣，有效导入新课）

步骤二：呈现过程

师：同学们，你们喜欢海洋吗？喜欢海底下面的动植物吗？

生：喜欢！

师：你们知道海底都有一些什么东西吗？你们想不想知道？

生：想知道！（异口同声）

师：老师呀，和同学们一样，也很喜欢海洋，更喜欢海底那充满神秘感的世界。那么，今天就开始和同学们一起来学习《海底世界》这一篇课文。老师今天给同学们带来一个科幻故事，同学们注意听，老师要开始咯。

师：从前，有个人，叫阿龙纳斯，他是一位生物学家。有一次，他应邀参加一项科学考察，就是为了解决海底出来的“怪物”。同学们，你们猜，他们有没有成功？

生：不知道！老师您快点儿说，快点接着往下说！（这时同学们的注意力完全被科幻故事所吸引，注意力高度集中）

师：但是即使生物学家们很努力，也没有能够清除怪物，最后，他们都被怪物给俘虏了。（利用图片加以渲染气氛）于是，他们就开始了一个奇妙的海底世界之旅。他们在途中遇到了许许多多的趣事，遇见许许多多的水中动植物，你们看，这就是当时的场景。（利用多媒体设备给学生展示生动的动画，奇怪的鱼类，美丽的动植物，介绍海底生物的特点以及海洋知识等等）

……

生：哇，原来海底的世界是如此奇妙的啊，好美！

师：这几位生物学家最后终于找到机会逃脱，当他们回到大陆的时候，就将他们所知道的海底的秘密公之于众，和大家分享了这海底变化无穷的奇异景观和形形色色的动物，也就是现在课件所给我们呈现的各种美妙的生物啦！

生：老师，他们在海底还有发生什么有趣的事情吗？我们还想继续听。

（学生从故事中已经大致了解海底世界是个什么样的世界，这个故事，一方面使学生理解了课文大致内容，学习新知；另一方面有效地激发学生进行继续学习的动机，为下面的拓展学习打下铺垫）

步骤三：探索讨论

师：同学们，听完这个故事，你们对充满神秘感的海底世界产生兴趣了吗？那么，下面，老师要让同学们分组完成一个小任务：小组讨论自己对海底的认识，然后挑选一个自己特别感兴趣的话题，与你的同伴进行讨论。

（这个交流探索环节，使学生在思维碰撞中，自由讨论，发表见解，进一步提高学生对海底世界的认识）

步骤四：拓展活动

师：相信同学们经过学习，都对海底世界有了一定的理解。但是，老师希望同学们的视野能够更加的开阔，所以，同学们下课后，可以通过阅读科普文章，提高对大海的认识；也可以借助现代的信息技术，上网查阅资料，进行学习、整理以及筛选，细心观察，理性分析，提出自己的见解并写一篇关于海底世界的作品。把自己感兴趣、与主题相关的资料拿回来与大家分享。

二、 实施规则

在上述课例中，教师为了让学生更好地进入教学情境，巧妙地使用了一个科幻故事作为学习的载体，借助科幻故事逐步完成教学任务。科幻故事使学生对海底奇异的景色、丰富的物产有了深入的认识，激发了学生对大自然的热爱之情，同时提高了学生探索大自然的热情。

（一）有效衔接，见微知著

教育学家科罗廖夫说："有趣味，有吸引力的东西使识记可能几乎增加一倍半，这就是教学的潜力所在。"相对于传统的知识讲授课，教师把知识融入充满趣味的科幻故事中的教学方式显然更受欢迎。在具体的教学中，教师应有效把握科幻故事与知识点的衔接，通过讲授充满知识性的科幻故事，把学生的注意力以及想象力引入最佳状态，引导学生探究学习，达到见微知著的效果。这样，不仅能够加深学生对知识的理解与把握，还能更好地贯彻素质教育的理念。

（二）聚焦矛盾，击破难点

矛盾，是学生思维的催化剂。心理学家认为：“在对待任何问题和事件上，人总有一种要保持其认知协调的倾向，一旦不协调，便会产生矛盾和冲突，人就会感到不安和烦闷，就会产生消除这种不协调的内在动力，以获得内心的平衡，从而达到知识、信念、态度或行为的改变。”聚焦课堂教学矛盾，有利于引发学生的认知冲突，有助于提高学生的思维能力，引导学生在不断处理认知矛盾的同时，主动积极地建构新知。在科幻故事教学中，教师应该遵循学生的认知规律，改进教学策略。首先要为学生创设矛盾冲突情境；其次，针对矛盾，引导学生解决矛盾，击破教学难点。只有这样，才能为有效达成教学目标创造更大的可能性。

（三）循循诱导，举一反三

教师如果不想让自己的教学显得苍白无力，就必须在教学中学会“导”。教育家陶行知说：“教师之为教，不在全盘授予，而在于相机诱导。”教师在科幻故事教学中应充当“引导者”，而不是“灌输者”的角色。只有循循诱导，才能促进学生自主学习，发现知识，获得最佳的学习效果。想要做好这一点，通常要求教师在学生出现疑惑时，不要直接给出答案，而是尽可能引导学生思考，然后根据学生对知识的掌握情况，举一反三，以使科幻故事教学表现出更大的爆发力，进而达到一举数得的效果。

三、实施方式

（一）自主感知，化抽象为具体

对于学生而言，自主感知知识显得尤为重要。心理学家皮亚杰说："一切真理都要学生自己获得，或者由他重新发现，至少由他重建，而不是简单地传递给他。"中小学生的思维处于形象思维阶段，学生难以接受比较抽象以及枯燥的知识，如果教师只是单纯地给学生"传递"知识，而忽略了学生的自主感知，很显然，这很难达到理想的教学效果。因此，教师需要在科幻故事教学中为学生提供充分的可以体会与感知的情景和活动，引导学生结合故事情境，在体验故事情境与充分感知中，有效建构知识意义。

（二）师生交流，化被动为主动

数学家波利亚说："学习任何知识的最佳途径都是由自己发现，因为这种发现，理解最深刻，也最容易掌握其中内在的规律、性质和联系。"科幻故事具有幻想性与抽象性的特点，虽然具有趣味性，但是学生需要与教师进行交流才能发现蕴涵其中的真知。教师要善于组织学习交流，让学生在交流中推进认知，层层递进，让课堂更为生动活泼，让思考更具"含金量"。

（三）巧设练习，化肤浅为深刻

科幻故事往往是以现实为基础的、能引发学生思考的教学素材，在科幻故事教学中，教师如果仅仅是组织交流，而没有促进学生深思熟虑，那么，很多深藏其中的问题仍无法获得真正解决，这时，巧设练习就显得尤为重要。教师应为学生巧妙地设计一些针对性的、能够开发学生想象力的练习。通过这些练习，学生逐步深入，从简单到复杂，直至全部解决问题。

第四节　科幻故事教学的应变方法

科幻故事通俗易懂、深入浅出，比单纯的知识讲授显得更加兴味盎然。然而，由于掌握不到位等原因，在具体的教学实施过程中，仍然会出现一些问题。为了更好地发挥出其最大效益，教师应该要掌握科幻故事教学的应变方法。

一、心中有数，避免偏离目标

教师做到“心中有数”，可以让科幻故事教学更加顺利地开展。教师在教学之前、之中、之后都要做到心中有数。

比如，在运用科幻故事教学时，教师在吃透教材的基础上，准确把握住教学目标以及教学重难点。在教学实施时，一方面通过给学生讲授故事、布置课堂作业，有效激起学生学习兴趣；另一方面“抛砖引玉”，让学生身临故事的问题情境中，使学生在教师的引导下，将学习内容与科幻故事有效地结合起来，从而准确理解知识，提高学生学习能力。

在科幻故事教学中，教师应该尽量避免游离教学目标的天马行空和不切实际的“独特体验”，避免对科幻故事的“误读”“误教”，做到心中有数，使科幻故事教学真正触及学生的心灵，更加具有思维的力度，从而使复杂的问题简单化，使学生在正确教学方向的引领下，提高学习能力，掌握新知。

二、分层教学，提高教学效率

教师要正视学生的具体个体差异，因材施教，有效解决有的学生“吃不饱”，有的学生“吃不了”的“贫富差距”。而在科幻故事教学中采用分层次教学，亦能达到更好的教学效果。

科幻故事教学中的分层教学，要求教师必须熟悉学生的情况，拉近与学生的距离，使自己与学生处于平等的地位。在实际的故事教学中，教师要结合学生的特点，适时调整划分层次，尊重学生，关注“学困生”。

例如，教师在科幻故事教学中根据学生的具体情况，制定出合理的分层教学目标，分别按照等次进行组织教学，难度逐渐递减，在此过程中，要注意保护好学生的自尊心。对于“学困生”，教师通过设计一些较为简单的故事活动，如讲故事、演故事，来激发他们的兴趣。对于中等生以及优等生而言，则可以让学生对故事进行复述、续编。这样才能有效提高学生的自信心，使学生主动参与教学，进而达到共同进步的目标。

三、 明确分工， 鼓励学生参与

在科幻故事教学中，有的学生习惯了当“听众”，对于教师所讲的故事可能无动于衷，不善思考，也懒得思考。对此，教师可采取有效的分工协作措施，调动学生的学习热情，使其产生解决问题的欲望，这样，学生才会发自内心地参与到教学中来，以保障科幻故事教学的有效性。

例如，教师采用小组合作探究学习的方式，把全班学生分为若干小组，每个小组负责的工作不同。小组任务主要划分为复述故事、表演故事、续编故事以及评价故事等环节。为保证教学目标的实现，教师把这些任务分别派给不同的小组，然后根据不同的教学时机，给予学生展示的平台。通过明确的小组分工，明确各自责任，使得学生的兴趣高涨，进而取得事半功倍的教学效果。

当然，要保证小组分工合作的可行性，教师必须拥有良好的组织能力。在上课之前就应该对教学环节有相当清晰的把握，争取实现教学时间利用效率的最大化。

另外，为了调动学生的参与积极性，教师还要善于利用多种教学方法，把握时机，以激励学生为主，鼓励“学困生”勇于发表自己的见解，成为课堂不可或缺的角色。同时，教师应该成为科幻故事教学的鼓励者、组织者，促使师生之间、生生之间形成一种和谐共进的局面，分享彼此的知识以及感受，交流情感以及体验，以此激发学生潜能，真正实现共同提高。

在科幻故事教学中可能出现小插曲，教师要学会发现“危险的信号”，知道处理危机的方法以及策略。想要故事教学有条不紊、如鱼得水，就应该在教学之前就要对教学内容、教学目标、教学重难点以及教学所要使用的故事做到心中有数；同时，根据不同的教学需求及实际情况，预备应对教学意外的策略，有效掌控课堂，从而提高教学质量。

第八章　鞭策教训：寓言故事教学

“寓言”在《现代汉语词典（第6版)》上是这样解释的：用假托的故事或自然物的拟人手法来说明某个道理或教训的文学作品，常带有讽刺或劝诫的性质。寓言篇幅大多简短，但蕴藏的道理很深刻。故事的主人公可以是人，可以是动物，也可以是植物等，除此以外，还常常采用借喻的手法，使富有教育意义的主题或深刻的道理在情节高度凝练的故事中得到揭示，它是人民的智慧、经验和知识的结晶。我国著名儿童文学家严文井说，寓言是一个魔袋，袋子很小，却能从里面取出很多东西来，甚至能取出比袋子大得多的东西。寓言是一个怪物，当它朝你走过来的时候，分明是一个故事，生动活泼；而当它转身要走开的时候，却突然变成了一个哲理，严肃认真。寓言是一座奇特的桥梁，通过它，可以从复杂走向简单，又可以从单纯走向丰富。在这座桥梁上来回走几遍，我们既会看到五光十色的生活现象，又会发现生活的内在意义。寓言是一把钥匙，这把钥匙可以打开心灵之门，启发智慧，让思想活跃。①

---

① 佚名．作家评价［EB/OL］．［2014－12－12］：搜狗百科．http://baike.sogou.com/v65032324.htm#para2.

寓言故事教学旨在借用寓言故事，完成教学任务，使学生达成学习目标。值得一提的是，寓言故事形象生动，人物活灵活现，来源于生活又高于生活，对于学生而言具有极大的教育意义。

第一节　寓言故事教学的适用规则

在决定使用寓言故事开展教学之前，需要对寓言故事教学的适用规则有一个清晰的认识。通过精心挑选寓言故事，并在此基础上把知识化繁为简，在鼓励学生多元交流中，让寓言故事教学发挥更多的功效。总之，在寓言故事教学真正实施之前，需要做好充分准备，把握其适用规则，提高教学效率。

骄傲的蚊子

有只蚊子飞到狮子那里，说："我不怕你，你也不比我强多少。你的力量究竟有多大？是用爪子抓，还是用牙齿咬？仅这几招，女人同男人打架时也会用。可我却比你要厉害得多。你若愿意，我们不妨来比试比试。"蚊子吹着喇叭，猛冲上去，专咬狮子鼻子周围没毛的地方。狮子气得用爪子把自己的脸都抓破了，最后终于要求停战。蚊子战胜了狮子，吹着喇叭，唱着凯歌，在空中飞来飞去，不料却被蜘蛛网粘住了。蚊子将被吃掉的时候，悲叹道："我已战胜了最强大的动物，却被这小小的蜘蛛所消灭。"

师：听了刚才这个寓言故事，你知道了什么？想到了什么？明白了一个什么道理？（发言的学生加星，说得好的学生加星并掌声鼓励）

生$_1$：蚊子很骄傲，骄傲的人没有好下场。

生$_2$：再强大的人，也会有弱点。

生$_3$：勇者胜，骄者败。

生$_4$：以自己的长处去攻击敌人的短处，就可以战胜对方。

生$_5$：我们要时刻保持清醒的头脑，任何时候都不能忘乎所以。

师（小结）：同学们说得真好，说出了自己对故事的理解，这则故事告诉

了我们这样一个道理：有了成绩，不能骄傲，不能得意忘形，要知道："强中自有强中手，一山更比一山高。"

如何教导学生谦虚做人、切忌骄傲自大？教师借助《骄傲的蚊子》的寓言故事进行教学，让学生深入思考，获得启发。相对于传统的说教而言，寓言故事教学更适合学生的心理特点，更容易达到教学目标。

规则一：精心选择

一堂精彩的寓言故事教学，需要学生积极参与，更需要教师的精心选择。为了让寓言故事教学开展达到最佳效果，需要花大力气进行选择，力求提高学生的学习兴趣。要从以下两个方面做好选择：第一，时机的选择，教学是一个不断发展的动态过程，在这一过程中，并不是任何一个时机都适合运用寓言故事教学的。教师要善于分析，依据学科特点、课程安排、学生实际情况等，选择恰当的时机，设计与教学相对应的内容，才能取得事半功倍的效果。第二，互动方式的选择。在寓言故事教学中，除了简单的寓言故事讲授，教师还可以选择多种的互动方式，例如，设置情境让学生扮演角色，或让学生小组合作讨论等。

规则二：多元交流

每一次接触新知识，对于学生而言，都是一种挑战，教师可以采用满堂灌的形式给学生灌输新知识，也可以采用探究的形式让学生自由交流学习。在寓言故事教学课堂上，我们更多地主张采用多元交流的探究学习方式。以借助寓言故事的方式开展教学，更容易加深学生对新知识的理解。在寓言故事教学过程中，教师应安排多元的交流方式，让学生在寓言故事的提示和引领下进行自主探究。教师要及时发现并捕捉学生自由交流的智慧火花，热情鼓励，适时引导。

规则三：化繁为简

化繁为简的规则有着广泛的应用，特别是在学生初步认识复杂事物的阶段。同样，在寓言故事教学上，我们也主张采用化繁为简，化难为易的规则，借助寓言故事，使复杂的教学内容简化易懂。用这种方法解决问题，可以培养学生良好的学习习惯。大部分学生都有遇“难”恐惧的心理问题，也就是说每当遇到新的、复杂的、难度大的知识点，大多“敬而远之”。而通过寓言故事教学，则可以培养学生善于把难题用化繁为简的处理方法，进而更好地解决生活上、学习上的问题。

第二节　寓言故事教学的运用方式

寓言故事教学可以激发学生的学习兴趣、创新思维，可以加深学生对知识的理解、促进彼此的交流，使教学内容与寓言故事成为有机的整体。

方式一：借助寓言，激趣导入

学生都喜欢新鲜、特别的课堂。教学导入作为一堂课的开端，更应具备特色。而在教学中以精彩的寓言故事导入，一开始就会深深地吸引学生的注意力，则课堂教学已经成功一半了。精彩的寓言故事导入会使学生如沐春风，进入一种享受学习的氛围中去，可以让学生在接下来的学习中集中注意力，并怀着一种期待、迫切的心情渴望新课的到来。

量变与质变的辩证关系

步骤一：教学背景

近日，高二政治教师发现学生的课堂积极性比较低，课堂气氛比较沉闷，甚至有班干向她反映课堂太过枯燥了，没有新意，实在提不起精神上课。在这样的环境下，政治教师决定采用寓言故事教学讲授“量变与质变的辩证关

系”，以激发学生的求知欲。

步骤二：寓言导入

扁鹊进见蔡桓公，在桓公面前站着看了一会儿，扁鹊说：“您在肌肤纹理间有些小病，不医治恐怕会加重。”桓侯说：“我没有病。”扁鹊离开后，桓侯说：“医生喜欢给没有病的人治病来证明自己的功劳。”

过了十天，扁鹊又进见桓侯，说：“您的病在肌肉里，不及时医治将会更加严重。”桓侯不理睬。扁鹊离开后，桓侯又不高兴。

又过了十天，扁鹊又进见桓侯，说：“您的病在肠胃里了，不及时治疗将要更加严重。”桓侯又没有理睬。扁鹊离开后，桓侯又不高兴。

又过了十天，扁鹊远远地看见桓侯就转身跑了。桓侯特意派人问他，扁鹊说：“小病在皮肤纹理间，用热水焐和药物敷就可以治好；病在肌肉和皮肤里面，用针灸可以治好；病在肠胃里，用火剂汤可以治好；病在骨髓里，那是掌管性命的神的事情了，医生是没有办法医治的。恒公现在病在骨髓里面，我因此不再请求为他治病了。”

又过了五天，桓侯身体疼痛，派人寻找扁鹊，扁鹊已经逃到秦国了。于是桓侯就病死了。

步骤三：引出新课

引出量变与质变的规律：任何事物的变化都是从量变开始的，量变是质变的必要准备，当量的积累达到一定程度时，就会引起质变。

在这一寓言故事教学中，我们很好地发现，教师巧妙地利用了寓言故事讲述量变与质变关系的概况，不但能够通过故事打破过去沉闷的课堂，同时能适当地向学生渗透新课的内容，为接下来的知识学习做好铺垫。这样的寓言故事教学自然受到了学生的喜欢，收到良好的教学效果。

一、新鲜寓言，精彩纷呈

寓言故事的导入是十分受学生喜欢的，特别是新颖有趣的寓言故事。要在新课导入前发展或吸引学生更多的兴趣，就要学会利用符合学生心理需要又能满足教学内容需要的寓言故事。教师在挑选寓言故事导入新课时，要注意以下两点：第一，教师要尽可能地熟悉课堂内容和确定课堂教学目标，这样才能准确地找到所需的寓言故事，更好地贴合教学内容，导入新课。第二，所选的寓言故事必须新颖，不能冗长、不着边际。寓言故事是要为教学服务的，是为了完成教学目标而设计的，不能喧宾夺主。

二、联想寓言，感悟新知

在开展寓言故事教学时，如果希望学生对教学感到满意，那么选择的寓言故事就要充分考虑学生的年级以及身心特点，在考虑学生对寓言故事是否感兴趣的同时还要了解学生的认知水平。要弄清学生是否能够在短时间内理解寓言故事，并及时地与学习内容联系起来。通常年级较低的学生，认知水平比较低，理解能力较差，教师可以选择一些趣味性强、通俗易懂的寓言故事。年级较高的学生，知识结构日趋完善，思维活泼富有表现力，教师可以选择内容有趣、具有深意的寓言故事材料。

但实际上，不管哪一学段的学生，在听寓言故事的过程中，都可以通过寓言故事这个特有的载体不同程度地了解复杂的新知识，在自己的理解和感悟下获得新信息。

三、借助寓言，实现目标

教学目标是教学活动的灵魂，是教学行动的方向，是判断教学是否有效的直接依据，是评价寓言故事教学效果的关键所在。在寓言故事教学过程中，教师除了强调寓言故事的应用，还要激发学生的情感体验，帮助学生以高度的热情投入到学习中去。教师应以获取知识和发展能力为取向，使教学内容与寓言故事有机结合，更好地达成教学目标。

方式二：联系寓言，加强应用

不难发现，如果课堂里有生动的故事、好玩的游戏，学生喜欢。反之，课堂枯燥沉闷、形式单一，学生厌倦。可见，大部分的学生都喜欢在玩中学，在乐中思。寓言故事教学利用寓言故事的生动情节与深刻道理，让学生沉浸其中，更加集中注意力听讲，更加积极地思考。这样的形式，在巧妙地将教学内容与寓言故事结合的同时，达到了活用教材的效果。

用寓言故事教学演绎数学的精彩①

步骤一：导入寓言故事

有一个贪婪的财主，拿了一块上好的布料准备做一顶帽子，到了裁缝店，觉得这样好的布料做一顶帽子似乎浪费了，于是问裁缝："这块布料可以做两顶帽子吗?"裁缝看了看财主一眼，说："可以。"财主见他回答得那么爽快，心想，这裁缝肯定是从中占了些什么便宜，于是又问，"可以做3顶帽子吗?"裁缝依然很爽快地说："行!"这时，财主更加疑惑了，嘀咕着："多好的一块布料啊，那我做4顶可以吗?"

"行!"裁缝仍然很快地回答。

经过一番较量后，财主最后问："那我想做10顶帽子可以吗?"

裁缝迟疑了一会儿，然后打量着财主，慢慢地说："可以的。"这时财主才放下心来，心想：这块布料如果只做一顶帽子，那就便宜裁缝了。瞧！这不让我说到10顶了吧。我还真聪明！嘿嘿……

过了几天，财主到了裁缝店取帽子，结果一看，顿时傻了眼：10顶的帽子小得只能戴在手指头上了！

步骤二：提出引导问题

学生听完这个寓言故事后，哄堂大笑。于是我顺藤摸瓜，提出了两个问

---

① 钟伟林．用故事演绎数学教学的精彩——例谈小学数学教学中的故事［J］．教育实践与研究，2010，(3)：49－51．本文略有改动。

题："你们为什么笑呢？""为什么同一块布料，裁缝说做1顶帽子可以，2顶帽子也可以，做3顶、4顶、5顶……10顶都可以呢？"这样的问题，激起了学生表达的欲望，都争先要说出自己的看法。

"每顶帽子的用布量×帽子数＝布料的总量。因为这块布料的大小不变，所以做的帽子数多了，裁缝同样可以去裁剪，只是每顶帽子相对就小了。"

步骤三：提出反比例概念

通过这个故事，反比例的概念就呼之欲出了，然后我因势利导："像这样的几个量之间的关系，我们就叫它'成反比例关系'，你们还能找出类似这样关系的量来吗？"学生便纷纷举出诸如"要走一段路，速度越慢（快），用的时间就越多（少）""运一堆货物，每次运的越多（少），运的次数就越少（多）"等各种成反比例关系的例子来。有一位学生还提出了一个更精彩的例子：人民币币值与外汇汇率之间成反比例关系。显然这样的例子已完全超出了学生所能掌握的范围，尽管大部分学生都不知其所以然，但不得不承认，这位学生是完全熟练地掌握并深入理解了这一概念。或者说这样的"精彩"是因故事而产生了，我马上给这位学生报以掌声。最后，通过学生列举的实例，我再引导他们用数学语言概括出"成反比例关系"的概念，使得学生牢牢掌握了"成反比例关系"这一概念的抽象表述。

步骤四：总结学习要旨

寓言故事教学课堂不仅是学生的学习舞台，更成为了学生发展各种能力的平台。它是传统教学的有益补充，可以起到激发兴趣、开阔思路、提高能力、扩展知识等多重作用。比如在数学教学中，寓言故事教学帮助学生了解数学，体验数学，领略数学王国的无穷魅力，演绎着数学的无限精彩，让学生体验无穷的乐趣。（略有删改，编者注）

在上述课例中，教师很好地利用了寓言故事教学贯穿整个课堂，引导学生学习反比例概念，并取得了良好的效果。教师针对教学需要，选择切合教学内容而富有深意的寓言故事，在激发学生学习积极性的同时，活跃了课堂的气氛，并起到了指引学生探究新知识的作用，值得借鉴学习。

一、 学习新知， 探究发展

为了更好地让学生参与学习，探究新知，并体现学生的主体性，我们提倡以寓言故事为载体，建立学生探究知识的学习平台。寓言故事教学关注的是学生学习过程和学习方法，目的是要通过寓言故事的引导，让学生更好地进行自主思考，探究学问，养成科学精神和态度；同时加强培养学生综合运用知识的能力、收集和处理信息的能力、分析和解决问题的能力。学生是学习的主人，是问题的探究者和解决者，而寓言故事则在适当的时候对学生给予帮助，起着基础和引领的作用。这样的学习方式能够激发学生的探究思维，能够提高学生应用寓言故事、获得新知的能力。

二、 层层深入， 揭示内涵

寓言故事教学应如剥笋一样，一层层深入，直到笋心，得到最精华的部分。这样的教学方式，层次分明，难度逐步递增，让学生在充满着寓言故事乐趣的教学中不断深入理解学习内容，直至挖掘出所需掌握的核心内容。把抽象的概念、复杂的内容“嵌入”寓言故事中，逐步向学生渗透，做好铺垫，减缓教学的坡度，降低学习的难度。学生在由浅入深、由易到难的学习过程中，能够更好地发现知识的规律。

三、 转换思维， 灵活应变

新课改要求教师不断更新观念，根据学生的年龄特征、认知规律，因材施教。同样，寓言故事教学不是一个固定的、封闭的模式，而是一种开放的、不断改进、充实和发展的教学方式。以寓言故事进行教学，在设置教学目标、处理教学内容、选择教学手段等方面要灵活多样，要善于把知识点嵌入寓言故事，创建出一种富有活力的、促进学生思维的新型课堂，让学生从怕思考到敢思考、乐思考，逐步爱上学习。

方式三：升华寓言，理解拓展

在寓言故事教学中绝不能缺少升华拓展这一环节，对于各门学科而言，除了让学生获得课内知识，还必须通过对课内知识的拓展延伸，丰富学生的视野，提高学生的能力。只有这样，才能培养出全面发展的高素质人才，适应时代教育发展的要求。

别忽略了身边的小事

步骤一：教学背景

二年级教师在把《我要的是葫芦》这一课文讲授完毕以后，选择了另一篇寓言故事《别忽略了身边的小事》进行拓展阅读，以加深学生对课文内涵的理解。

步骤二：寓言拓展

别忽略了身边的小事

寒冬时节，大雪纷飞，一棵挺拔的柏树伫立在雪地中，它神情悠然，迎风招展，不时有片片雪花飘落在它的身上。这时，旁边一棵青松关切地对柏树说："兄弟，你要小心那些雪花，别让它掉在你的身上，不然它会压坏你的。"柏树满不在乎地说："你开什么玩笑，一片雪花有多重呀？落在身上就跟没有似的，你简直是杞人忧天。"

不一会儿，柏树的身上已覆盖了一层浅浅的白雪，青松忍不住再次提醒柏树说："兄弟，快将身上的雪抖掉，别让它越积越多。"柏树鄙夷地说："胆小鬼，这么一点儿雪就把你吓住了，你也太让我失望了。不就一层雪，有什么大惊小怪的，它那么轻，我那么强壮，连七八级的飓风都拿我没有办法，更何况是这轻如鸿毛的雪花呢？再说我正想弄件素衣穿穿，你看看我，现在不是比以前漂亮多了吗？"

青松见柏树听不进自己的意见，只好闭口不言。也不知过了多久，柏树和青松的身上都堆积了一层厚厚的白雪，青松小心翼翼地拍打着，而柏树却一点儿也不着急，悠闲地欣赏着雪地的美景，并幻想着小孩们看见它时的欢快表情。那天晚上的雪特别大，下了整整一夜，第二天早上，人们起床时发现，那棵柏树奄奄一息地倒在了雪地里，而那棵青松却毫发未损。

步骤三：学生感悟

让学生比较课文《我要的是葫芦》和寓言故事《别忽略了身边的小事》，以此再次感悟体会原来小病能酿成大病，小错会酿成大错，小祸会酿成大祸。对于生活中的一些小问题、小习惯、小细节，我们不能听之，任之，放之，它们看似微不足道，构不成什么威胁，但如果日积月累，它们很可能会使你多年的经营毁于一旦。

教师对课内知识进行了拓展，开阔了学生视野，提高了学习效率。另外，寓言故事的提升学习，更好地促进了学生的发展。在寓言故事教学中，我们除了要尊重学生、立足课堂，还要充分利用寓言故事的魅力，拓宽学生的视野，以实现学生在学习上质的飞跃。

一、读懂寓言，升华铺垫

在课堂上利用寓言故事进行升华，读懂寓言是必不可少的关键一步，教师要感知寓言言语，正确分析寓言人物形象，弄懂寓言的主要意思，对作品的寓意有所领会。当然，在寓言故事教学中，寓言并不是学生所学的主要内容，教师应鼓励学生在读寓言的过程中融入自己的思考，尽可能自主构建新知。教师还可以在此基础上，适当帮助学生解读寓言，达到让学生清晰明了地理解寓言的目的。

二、适度迁移，提高思维能力

在使用寓言故事教学时，我们可以利用寓言故事进行适度的拓展迁移。这样做可以让学生扩充思路，展开联想，丰富学习的空间和途径。“操千曲而后晓声，观千剑而后识器”。在通过理论学习后，教师若能及时地通过相关的寓言故事进行知识的拓展和延伸，能够很好地实现课内知识向课外拓展的效果。借助寓言故事设计拓展迁移训练，让学生更好地理解学习内容，掌握方法，以此达到寓言故事教学的良好效果。

三、紧抓不懈，厚积薄发

教师在了解寓言故事教学的各类特征后，在寓言故事的选择上要切合学生的口味，另一方面考虑教学的需要，另一方面考虑学生的兴趣。教学经验源于长期的尝试与积累，不论教师或学生，对于寓言故事教学都有一定的适应期，要在寓言故事教学上取得成绩，教师必须加强实践，学生应该抓紧适应，在积累中厚积薄发，在突破中创新。

第三节　寓言故事教学的经典课例

寓言是一种比喻的艺术、象征的艺术，它选择人们比较熟悉的、具体的、浅显的事物来说明较为陌生的、抽象的、深奥的道理。寓言创作就是人类抽象的理性思考与具体的形象思维相结合的产物。明确寓言的这个特点，就可以利用事物相关性的原理把寓言教学作为学生发散思维的训练场。在寓言教学中，我们不但能让学生感知丰富的寓言故事情节，理解故事寓意，同时能把寓言迁移到实际生活，做到知识的活学活用。同时，由于寓言这种体裁具有哲理性 、讽喻性的特点，为培养学生的理性思维能力提供了最好的契机，有利于学生的创新思维个性的充分发挥。

一、经典案例

一堂安全教育课

步骤一：案例背景

近日，由于学校严格要求班主任对学生进行安全教育，三年级的班主任李老师心想："如果还是像往常那样单一地说教，学生也应该腻了，难以有效果。"因此，她决定利用寓言故事教学法对学生进行安全教育。

步骤二：寓言导入

一只狐狸失足掉到了井里，不论它如何挣扎仍没法爬上去，只好待在那里。一只公山羊觉得口渴极了，来到这井边，看见狐狸在井下，便问它井水好不好喝。狐狸觉得机会来了，心中暗喜，马上镇静下来，极力赞美井水好喝，说这水是天下第一泉，清甜爽口，并劝山羊赶快下来，与它痛饮。一心只想喝水、信以为真的山羊，便不假思索地跳了下去，当它咕咚咕咚痛饮完后，就不得不与狐狸一起共商上井的办法。狐狸早有准备，它狡猾地说："我倒有一个方法。你用前脚扒在井墙上，再把角竖直了，我从你后背跳上井去，再拉你上来，我们就都得救了。"公山羊同意了它的提议，狐狸踩着它的后脚，跳到它背上，然后再从角上用力一跳，跳出了井口。狐狸上去以后，准备独自逃离。公山羊指责狐狸不信守诺言。狐狸回过头对公山羊说："喂，朋友，你的头脑如果像你的胡须那样完美，你就不至于在没看清出口之前就盲目地跳下去。"

步骤三：寓言启发

学生讨论寓言寓意。感悟作为一名聪明的学生要懂得保护自己的道理，在处事过程中应当事先考虑清楚事情的结果，然后才去做。

步骤四：安全技巧

学生争先提出安全小知识，相互分享学习，最后教师进行补充说明。

二、 实施规则

（一）推想思考，理解透彻

在寓言故事教学中，主要是借用寓意，以此说明强调所需要讲授的教学内容，或者干脆就用寓言的内容代替教学内容，吸引学生的注意、激发学生听课兴趣、启发学生思考。但寓言中寓意的把握是需要技巧的，它需要利用学生的联想、推论、猜测，引导学生调动已有的知识和经验，从寓言内容和写作目的等方面入手揣测寓意。教师要想通过寓言去加强对教学内容的深化学习，首先要让学生学会对寓意的理解，否则可能会适得其反。教师可以采用以下两种方法，训练学生对寓言的理解：第一，选择寓言情节性较强的段落进行教学，及时指导学生展开联想，对寓言中人物的性格特点及寓意趋向进行大胆揣测。第二，教师要宽容，要善待学生的多元联想，尊重学生的个性联想。对于出现的错误或片面的联想，教师要在尊重学生差异性、多样性、独特性的基础上，帮助学生调整，使学生重新获取正确的理解。学生真正在实践中理解寓意之后，由寓言引申而来的问题自然就迎刃而解了。

（二）综合运用，多方理解

在课堂中，有的教师虽然有意识地利用寓言故事对课内知识进行拓展，但是苦于目的性不明确，收效甚微。因此，教师在选用寓言故事时应找准方向，对症下药。虽然寓言的篇幅通常比较短小，但对于教师而言，应尽可能地综合运用好寓言的每一部分，例如寓言中塑造的每个人物形象、心理描写、内容寓意等。教师还可以充分利用学生对寓言故事多方面的思考，达到训练学生思维的目的。

（三）培养情趣，发展思维

课要上得好，首先要吸引学生的注意力，其次是为学生创造愉快轻松的教学氛围，令其对教学过程回味无穷。在教学过程中，如果能恰如其分地插入寓言故事，对于营造课堂的热烈气氛、激发学生的学习兴趣，都有很大的作用。教学不能纯粹追求知识和技能，特别是文科类科目，我们要更注重情趣，让学生在兴趣盎然和充满活力的课堂中学习和思考。让学生掌握学习内容，形式有很多，许多教师都是采用单一的讲解、抄写、朗读等手段。如此教学，很容易会抑制学生的思维和拓展能力。若利用寓言故事进行相应的教学，可以为学生搭设一个思考、感悟的学习平台，而不是把所需的知识一味地灌输给学生。这样的教学方法既能使学生在充满趣味的寓言故事中学习，又能发展学生形象思维能力。

三、实施方式

（一）激发思考问题兴趣

“兴趣是最好的老师。”学生只有对学习的内容感兴趣，才会产生强烈的求知欲望，调动全部感官，积极主动地参与到学习中去。为了激发学生思考问题的兴趣，教师常常会组织各种课堂游戏和活动。但随着学生年龄的增长，有些游戏和活动已不能满足他们学习的需求，这就要求教师不断探索更有效的教学方法。实践证明，寓言故事教学能吸引学生的注意力，激发学生思考问题的兴趣。教师要善于把握契机，将他们引入到有趣而富有哲理的故事里，以此调动学生的求知积极性。另外，学生思维活跃且富有表现力，对他们而言，如果长期采用过于简单单一的教学模式，已经不能满足他们的需要。寓言故事教学内容有趣、语言活泼且富有幽默感，既符合学生身心发展的特点，也能给予学生启发性的思考。而且在通常情况下，寓言故事的寓意深刻而具有多面性，语言精辟简洁，角色不复杂，还有的寓言只讲故事没有点明寓意，在结尾对故事的结局、人的命运或作品的寓意都没明确指出，给学生留下广阔的想象空间。教师应充分利用这一点，激发学生的想象能力。

（二）激发联系实际兴趣

知识来源于生活，应用于生活，新课程标准强调教学要密切联系实际，使学生在理论和实践的结合中理解和运用知识。实际上，把知识应用到生活中去，是学习的最终目的。但由于中小学生的理解能力、思维能力相对比较弱，在学习过程中往往是理论与实践相脱节。作为教师，如何在短短一节课内把理论知识和实际生活很好地联系起来，并让学生把所学知识迁移到实际生活中去呢？运用寓言故事教学就能较好地解决这一难题。寓言故事内容本身就是从生活中提炼出来的，通过将深刻、精辟的道理寄托在故事中，学生可以在轻松愉快中学会做人做事的道理，并及时地与生活联系起来，做到学以致用。

（三）鼓励思考求新求异

如果只有一种花，即使再吸引人，大家一直盯着也会感到枯燥无味。同样，在寓言故事教学中，如果只有教师在教学，而学生不思考，课堂将是沉闷无趣的。教师要充分激发学生的内在动力，发挥学生的想象力，不管是对寓言的解读，还是对问题的讨论，都应鼓励学生求新求异。同时，教师要乐于表扬敢问敢想的学生，增强其自信心和荣誉感。

第四节　寓言故事教学的应变方法

为了让寓言故事教学达到更好的教学效果，教师需要把握以下几个应变方法：第一，需要为学生创设敢问的学习环境。第二，需要教师一切从学生的实际出发。第三，在教学过程中需要教师加强寓言故事与知识的联系。

一、创设敢问的学习环境

对于学生而言，敢问是一种良好的学习状态。学生敢于质疑，善于提问，自然会提高教学效率。要使学生坦诚地在课堂上道出真实的感受，提出自己的难题，就需要教师在寓言故事教学的过程中创设“敢问的环境”。如果课堂气氛太严肃，学生容易产生恐惧的心理，如此一来，会大大打击学生敢问质疑的信心。如果课堂环境气氛过于宽松，课堂纪律和秩序没法保证，同样不利于学生提出在学习中遇到的问题。应建立一种自由民主的学习环境，让学生在此气氛中敢于提问，敢于质疑，力争让每一个不会问、不敢问的学生都能够摆脱压力和束缚，无拘无束地把自己的疑问提出来，做到畅所欲言。

比如，在讲授“妈妈的爱”这一习作话题时，教师讲述了《三只小羊》的寓言故事：羊妈妈为了锻炼三只小羊的独立生活能力，对自己的三个孩子要求非常严格，这是一种独特的母爱。刚开始的时候，很多学生提出：羊妈妈太严厉，他们更希望妈妈是慈祥的。在这样的情况下，教师面对学生的质疑，并不应一下子轻易否定学生的看法，而要正确引导，耐心解疑。学生提出问题，教师引导思考，与学生共同寻求最佳的答案，这样最有利于满足学生的求知欲。

二、 一切从学生实际出发

教师必须了解学生的实际情况，根据学生的需要开展相关的寓言故事教学。首先在选择寓言故事时要注意以下两点：第一，了解学生的兴趣。不同年龄段的学生对不同类别的寓言故事兴趣有所不同，教师在深入了解学生的兴趣后，再选择恰当的寓言故事。第二，寓言故事的寓意要通俗易懂。对于寓意的把握，不同年级的认知水平各有不同，这就要求教师在了解学生理解能力水平的基础上，再确定寓言故事的难度。只有选择符合学生实际的寓言故事，学生才能更好地理解学习内容。

比如，在小学三年级，教师选用了一个中学水平的寓言《瞎子和小野兽》，用了15分钟的时间向学生讲解这个寓言故事的寓意和意图，学生才明白这个寓言的核心。显而易见，这并不符合寓言故事教学的要求，反而给学生增加了认知的负担。

三、 加强寓言与知识的联系

学生对寓言故事大都感兴趣，生动的情节、深远的寓意能吸引他们很快进入良好学习状态。但就寓言故事教学的目的而言，主要是通过寓言故事让学生尽快掌握所学知识，所以教师在进行寓言故事教学时，要紧扣知识点，不能为了引起学生的兴趣而过多地使用寓言故事。这样不但不能按要求达成教学目标，反而适得其反。

比如，在小学四年级，教师利用寓言故事导入新课，学生的兴趣盎然，课堂气氛一下子就活跃起来了。当寓言故事讲完后，教师并没有马上地紧扣知识点，而是任由故事展开。这就不是用寓言故事进行教学了，相反是用寓言故事破坏教学，其教学效果可想而知。

第九章　奇幻穿越：神话故事教学

神话，英文为“myth”，这一词语来自希腊语中的“mythos”，意思是“表达”“言说”“故事”或“传说”等，它是远古人类对周围世界的自然现象和社会生活的原始解释。神话作为表达、传承文化的重要载体，折射出各民族不同的性格特征和文化背景。所以，引导学生阅读、欣赏神话，可以促使学生了解人类历史发展的进程和各民族间的文化异同，提高学生文学艺术修养，积累文化底蕴。神话故事中的英雄人物往往具有高尚的情操和坚毅的品格，对学生也是一种潜移默化的引导，可以帮助学生自觉地建立正确的行为规范和道德准则；而且，神话故事有着大胆离奇的想象和曼妙动人的情节，能够激发学生的想象力和创造力，给予学生“美”的陶冶和“诗”的沉醉。因此，在中小学阶段，教师运用神话故事教学，将不同学科的内容结合神话的特质改编成故事，既能激发学生的学习兴趣，引导学生更容易地掌握、理解学科知识，又能培养学生的思维创造力和美好的人格品质。

第一节　神话故事教学的适用规则

神话故事教学能够利用神话那绚丽夸张的情节、神勇万能的英雄形象激发学生的学习兴趣，从而提升教学效果。不过只有让教学内容和神话故事和谐融合，才能收到预期的教学效果，为此，教师要了解其基本规则，以便把握好神话故事教学的方向。

规则一：把握文本特点，编写教学故事

神话故事有神奇的人物，有神奇的力量，有神秘的色彩，是这类文体的共同特征。从结构来说，神话故事基本按事情发展顺序来写，思路明晰，条理清楚；从文字来说，这类文章语言凝练准确，形象生动。神话的魅力，体现在故事的神奇和语言的魅力上，两者相得益彰，缺一不可。教师在编写神话教学故事时，一定要注意把握神话的文本特性，保留神话当中奇幻的语言色彩、神勇的英雄个性和跌宕起伏的故事情节。缺乏了神奇性，故事就会变得毫无生气，也就达到不激发学生学习兴趣、帮助学生理解知识的目标了。

利用神话提升作文素养

神话具有想象丰富、夸张奇异、修辞生动、情节跌宕等艺术特征，这往往恰是一篇精彩的作文所需的艺术品质。因此，学生可以通过阅读、讲演、仿写神话，掌握如何运用想象、如何使用修辞、如何设计情节等写作技巧，从而提升自己的作文水平。

有位教师让学生通过体会《女娲补天》的神奇性来学习写作。教师重点让学生品味女娲“炼石”的具体描述“女娲把它装在一个大盆里，端到天边，对准那个大黑窟窿，往上一泼，只见金光四射，大窟窿立刻补好了”，然后让学生找动词，再试着做动作，想象当时的画面，引导学生从语句体会中、从动词的运用中领悟神话故事的特点——想象合理奇妙，语言表达虚化夸张。

并在领悟后，让学生进行仿写，以便理解、运用这些写作技巧。

成功的神话故事教学，需要教师紧扣神话的特点，引导学生在阅读过程中感受文本中神奇的想象，从而感知神奇，感悟神奇，读懂神奇，真切体会神话的神奇性。在学生充分体会神话的神奇之处后，教师应引导学生在阅读体验相关语段的过程中进行细致感受，将体验文学作品和课文内容有机结合起来。

一、 运用神话神奇的审美体验增强教学效果

神话的一大特点，就是想象丰富。因为丰富的想象，神话才显得如此神奇，才那么吸引人。在教学过程中，教师应十分注意和学生一起经历神奇，获取神奇的体验。神话是神奇的，神奇的人物，神奇的力量，神奇的器具，还有心中的神奇感觉。学生都是有好奇心的，神话的神奇正迎合了学生的这种心理。成功的神话故事教学，一定能让学生在神奇的体验中学习其他学科的知识，并且能借助神奇的体验，加深他们对其他学科知识的理解、记忆以及运用的领悟。

二、 借用神话诗性的语言编写教学故事

“语言是一切事物和思想的衣裳”，学习如果不通过语言这个中介，不透过这件“衣裳”，就无法触摸衣裳里面的事实和思想。而神话体裁的课文之所以深深吸引孩子们，除了它神奇的想象，还因为它语言的“诗性”。教师在编写神话教学故事时，不管自己所教的是哪个学科，也不管是文科还是理科，都应始终保持对神话文本语言的一种高度敏感，在编写的过程中，使语言富有神话故事的语言特质，让学生在诗性语言的美妙的审美体验中遨游知识的海洋，不妨根据神话故事中那些描写优美的句段进行仿写。可以尽可能多地收集那些夸张、唯美诗性的语句，以便在编写神话故事时，适时地运用。

规则二：遵循价值取向，正面引导学生

神话故事教学不但能激发学生学习兴趣，提升教学效率，还能引导学生树立正确的人生观、价值观。神话故事中的神话原型，具有崇高的道德感，个性鲜明，想象丰富，其内容或歌颂壮志凌云的英雄，或表现多姿多彩的生活，或抒发人间的美好感情。这些内容，无一不是对美的展示和对美的向往。因此，在编写神话教学故事时，教师不能忽视神话的精神价值；另外，在神话故事教学中，教师不能仅仅只是完成本学科的教学任务，还应该善于利用神话故事中所蕴含的英雄精神，正面地引导学生，努力把他们培养成具真善美品格的人。

希腊神明的“民主性”①

人民版高中历史课《民主政治的摇篮——古代希腊》中的第三目“希腊的公民”，主要介绍希腊公民的素质和享有的权利。为了能从一个侧面说明希腊的公民特征，教师选择了这样一则神话：希腊的神界在做出重大决定时，往往由天神宙斯主持召开众神圆桌会议，诸神充分发表意见后，通过相互辩论而彼此妥协，会议的最终结果通常由众神投票决定，更有甚者，众神有时甚至需要同凡界的人间英雄进行谈判。很显然，希腊的神明并不具备中国的神明所拥有的那种绝对的权威，即使天神宙斯也不例外。而中国的玉皇大帝一发话，便是神间圣旨，天生就具有权威性和合法性。希腊神话只不过是希腊人的社会生活在天上的夸张反映，这种神界投票议事的决策程序实质上也只不过是希腊人把他们的民主政治生活搬到了天上而已，这也正折射出希腊公民不屈从于权威，敢于表现个性，敢于追求自由、追求平等的民族性格。

神话表达着人们美好的愿望和对真理的追求，诠释着人类社会永恒的主题。这些主题蕴含在故事里，给我们以深刻的启迪。因此，在利用神话帮助

---

① 梁继程．希腊神话在高中历史教学中的运用——以人民版《民主政治的摇篮——古代希腊》一课为例［J］．考试周刊，2009，(2)：204－205.

自己提高教学效率的同时，教师还应该挖掘神话中美好的价值取向，引导学生领悟神话的精义，可以促进学生形成正确的人生观和价值观。那么，我们应该如何去把握神话中的精神要义呢？

一、 追寻文明的源头

神话是人类童年时代的产物。原始先民面对着陌生的世界充满恐惧的同时，却又渴望去征服、改造自然，神话就诞生了。所以神话是人类征服自然、改造自然的产物。同时，神话也是幻想的产物，神话是“通过人民的幻想用一种不自觉的艺术方式加工过的自然和社会形式本身”。人类文学的童年对于人类文学这条光辉灿烂的大河的作用是巨大的。西方文学的童年就是这部《希腊神话故事》，它早已成为整个西方文化不可分割的一部分，并不断影响着西方的社会文化及文学艺术的发展。[①] 可以说，阅读神话，就是追寻文明的源头。

二、 领悟神话的精义

神话阅读，不仅仅是表面意义上的阅读，而在于一种潜移默化的教育。盘古牺牲自己开天辟地，精卫用生命填平大海，还有夸父长眠的最后一刻，依然没有忘记追日的伟大梦想！这就是中华民族的精神，千年绵延至今。阅读神话，我们从中学会了善良、坚强、勇敢，为理想勇往直前！一篇引人入胜的神话故事是一叶精致的小舟，通过教学，教师使学生能划楫撑篙，驾一叶时空之舟，驶入神话的河流，领悟神话的最深邃、最广博的精义。这也是神话带给我们生命的“无限延伸”。

---

① 张祖庆，周慧红．试论小学语文教材中神话的价值取向与教学策略［J］．语文教学通讯·小学刊，2008，(3)：12－14．

规则三：顺应心灵需要，获取特别体验

神话故事教学的要旨是借用神话神奇绮丽的情节，激发学生丰富的想象力，让课堂充满神奇的诱惑，让想象展开翅膀，让创造得到延展，让灵性在神话的世界里张扬。在神话故事教学过程中，学生往往会把自己想象成神话世界中的一部分，他们来到“神”的身边，和“神”一起学习各学科的知识内容。神话故事教学应该借用那些充满奇特想象、情节迭宕起伏、人物英勇神奇的神话传说来进行改编，把学科知识融入其中的同时，又不破坏故事情节的曲折性、完整性，同时要注意保留人物丰富的个性，神奇的力量。

神奇的情境[①]

在《勾股定理》导入时，屏幕上出现一幅“天宫数学智力竞赛”的多媒体动画。学生的求知欲马上被神奇的情境调动起来。只见一个个窈窕仙女，手托闪闪发光的金元宝飘到天庭。原来，玉皇大帝召集群臣，举行一场“天宫数学智力竞赛”。玉皇大帝拿出一个直角三角形宣布：认为“两个直角边的平方和大于斜边平方”的爱卿走到左边，认为“斜边的平方大于两个直角边的平方和”的走到右边，认为“两者相同大”的站在中间。托塔天王、二郎神等群臣不约而同地像潮水一样奔到左边，嘴巴里喊道着：两边比一边大，谁不知道！天蓬大元帅晃到右边，腆着大肚子咕噜：与众不同，发大财。引得众神仙哄堂大笑。只有满头花白的太白金星沉思了良久，然后自信地站到中间。看完动画后，教师顺势说：“金元宝到底应该奖给谁？让我们学习勾股定理，探索直角边和斜边的关系，走进勾股定理的世界！”这样，动感的多媒体的播放，积极调动了学生多种感官参与学习活动，从而激发了学生的求知欲。

在课堂上，教师应注重学生对神话精神的体验和感受，让神话故事教学

---

① 杨巧红．巧用多媒体，让数学课堂教学更精彩［EB/OL］．［2009－06－26］：枫叶教育网．http://www.fyeedu.net/info/112821－1.htm.

焕发出独特的魅力。

一、 让神话与学生的原初精神相契合

神话是属于天真活泼的孩子的。神话故事的教学，就应该顺应学生的心灵需要，让学生享受神话的美妙，寻找神话与学生的原初精神的契合点。根据少年儿童心理发展的特点，他们生活中的现实和幻想往往是很难截然分清的，他们靠幻想去填补客观事物认识的空白，也靠幻想去拉近自己和客观事物的距离；而神话凭借幻想的翅膀，穿越时空，使常见的和罕见的、熟悉的和陌生的各种人物与现象，发出奇异的光彩，或者把人们的理想编织成绚丽的画面，神话与学生的生命形态达成了天然的契合。因此，在神话教学中，要注意引导学生的原初精神，激发学生想象力和创造力，结合学科的特性，提高学生的各种思维能力。例如，在数学学科的教学中，我们可以借用神话故事来激发学生的发散性思维，让学生自由地展开想象，从而不但发现神话中的神奇，还能体会到数学的神奇。

二、 让学生相信神话是 “真实的”

神话之所以吸引学生，是因为它的神秘色彩，能使学生展开想象的翅膀，在神话这“梦幻之园”中自由徜徉。倘若教师将神话来源一五一十地告诉学生，得出的结论是“因古人的知识水平低下，无法对自然现象进行科学合理的解释”，那么便打破了学生梦想中的神奇色彩，同时削弱了他们对神话的想象。可见，在神话故事教学中，教师有必要让学生相信神话是“真实”的，以便让学生保持足够的好奇心和想象力。

第二节 神话故事教学的运用方式

神话故事教学必须挖掘神话的特性来提高教学效率。神话中的极具个性

的英雄人物是神话的重要特征之一，因此我们要让人性的光辉充溢神话故事教学的课堂。神话的思维充满幻想，神话的内容具有丰富的人性，神话是一种诗化的哲学。成功的神话故事教学，不仅要完成本学科的教学任务，同时要使学生能够对神话有一定的了解，对人性有一定的觉悟，对远古文明有一定的体验而且有助于学生积累文化底蕴。

方式一：展开想象，编写故事

神话的一大特点，就是具有丰富的想象，这也是神话的魅力之一。教师要鼓励学生展开想象，特别是异想天开的创造想象，这是培养创新能力的一个重要手段。因此，教师在进行神话故事教学时，既要兼顾学科的教学任务，又要尽量让所编的神话具有丰富的想象。教师既可以借用现成神话结合学科教学内容进行改编，又可联系自己的生活体验大胆创编。

孙悟空与六臂神

古老的印度，有许多寺庙。孙悟空原来就是佛教弟子，成正果已有一千多年。这次他重返这著名的佛教圣地，心里十分高兴。

一天，孙悟空走进著名的宝光寺，看见寺里供奉着一尊巨大的神像。这尊神像很特别，他长有6只手，这6只手分别拿着：贝壳、莲花、铁饼、狼牙棒、斩妖剑、缚妖索。孙悟空自言自语地说："这是什么神?"

忽然，这六臂神张口说话了。他说："我叫六臂神。"说完，不由分说便用贝壳、莲花、铁饼、狼牙棒、斩妖剑、缚妖索恶狠狠地朝孙悟空打来。

孙悟空不敢怠慢，抡起金箍棒迎上去，两人"叮叮当当"地打了起来。打了一阵，六臂神没占到便宜，喊一声："换!"6只手上的兵器立刻交换了位置。就这样，六臂神的6只手不断交换兵器，只打得孙悟空有些招架不住。

六臂神这才停住手，说："我手中的兵器交换一下位置，就多一分法术。很多年来，我一直想知道，我拿的这6件兵器可以有多少种不同的拿法，请大圣帮我算算。"

“神仙求我算，俺哪敢不算。”只见孙悟空说了一声“变”，也伸出6只手，6只手拿着贝壳、莲花、铁饼、狼牙棒、斩妖剑、缚妖索。

孙悟空让5只手依次拿着贝壳、莲花、铁饼、狼牙棒、斩妖剑，对六臂神说：“你看，我5只手拿的兵器固定不变，这里我第6只手只有缚妖索这一种拿法。”

六臂神点点头说：“没错，是一种拿法。”

孙悟空又让4只手依次拿着贝壳、莲花、铁饼、狼牙棒，这时第5、6只手可以轮换拿斩妖剑、缚妖索，共有两种拿法。

孙悟空再让3只手依次拿贝壳、莲花、铁饼，而另3只手变换出以下6种拿法：

狼牙棒、斩妖剑、缚妖索

狼牙棒、缚妖索、斩妖剑

斩妖剑、狼牙棒、缚妖索

斩妖剑、缚妖索、狼牙棒

缚妖索、斩妖剑、狼牙棒

缚妖索、狼牙棒、斩妖剑

六臂神有点不耐烦：“你算出来没有？照你这样排下去，还不被你排晕喽！”

孙悟空嘿嘿一笑：“别急，你观察下面的数就知道了。”孙悟空出：

一只手：$1=1$

两只手：$2=1\times2$

三只手：$6=1\times2\times3$

“如果固定两只手。而剩下的4只手随意拿，可有：$1\times2\times3\times4=24$；5只手都随意拿就有：$1\times2\times3\times4\times5=120$；而6只手都随意拿呢？有$1\times2\times3\times4\times5\times6=720$种不同拿法。”孙悟空说。

“哈！哈！我有720种法术，谁比得了我！”六臂神高兴得哈哈大笑起来，他竖起大拇指夸奖孙悟空说："你将来会成为印度的第二个婆什迦罗，留在我们印度吧！"

"不！俺老孙是中国人，俺要回到俺的祖国。"孙悟空说完，纵身向祖国飞去。

《孙悟空与六臂神》既能完成数学学科的教学任务，对孙悟空和六臂神的描述，又保持了他们的"特异功能"，具有极强的神奇色彩。学生在这个充满精彩想象，富有情趣的神话故事中，学习到了排列组合的数学知识。这一让学生心灵自由飞翔的教学环节，不但能让他们加深对数学知识的理解，又能在他们的心里种下热爱想象的种子。

一、 创编神话， 鼓励想象

在神话故事教学课堂上，学生处在梦想的世界里，梦想给了他们诗意，也给了他们自由，他们驰骋在自由的想象王国。在神话教学上，不应从科学和逻辑的角度解释其合理性。神话在孩子的眼里，主要是神奇和趣味。因此，在神话故事教学中，要带领学生感受想象、体验想象的神奇与趣味，并且让这种感受与体验与实践结合起来。也就是说，给学生一个想象的机会，鼓励学生自主创编新的神话故事。其实，让学生书写自已的神话，就是尽最大可能地培养学生对未知世界的探究欲和创造欲。

二、 依据学情， 仿写改编

好的神话故事，能够激起学生的学习兴趣，能够使抽象的概念变得形象生动，能够让学生从中体验到文学艺术的审美趣味。但我们要如何才能编出好的神话教学故事呢？首先，要分析学情，根据学生的年龄特征和认知水平来选择故事，对于小学低年级的学生来说，如果选择情节过于复杂的神话故事，学生有可能因无法理解故事而影响学习效果。其次，要收集相应的神话故事材料，了解神话故事的情节主线、人物特征后，结合教学内容进行仿写或改编。在仿写或改编时，除了时间、地点、人物、事情、结局等故事的要素，为保持神话人物的神奇性和个性特征，编造虚化夸张的情节，描述人物的动作、语言、神态都是必不可少的。

方式二：创设情境，激趣导学

在日常的教学中，我们常常会遇到这样的情境——教师常常会因为课堂设计的呆板僵化而无计可施，学生也因课堂的沉闷无趣而无精打采。教师和学生常常抱怨教学内容枯燥乏味，难以用活泼生动的形式来设计教学活动。然而，事实并非如此，只要我们愿意花些工夫，把那些看似枯燥的教学内容植入神话故事中教学，也许课堂就会变得生动有趣起来了。这就需要教师具有“化腐朽为神奇”的智慧了。

复述的妙法①

语文课中的“复述课文”是提升学生语文素养、增强学生参与性和创造性的最佳媒介。复述训练能提高学生的理解能力、口头表达能力和逻辑思维能力。而神话故事以其趣味性强、故事色彩强烈等特性而深受学生的喜爱，因此，把神话作为复述练习的内容，能大大提升学生的参与积极性。有位教师让学生进行《后羿射日》这篇神话故事的复述练习，其极强的故事性，有利于复述时情节逻辑性的梳理；其诱人的神奇性，又使学生乐于向他人进行复述。下面是教师的具体指导：

师：复述课文是我们应该掌握的一种重要的能力，它能提升我们的口头表达能力和逻辑思维能力。下面我们来做《后羿射日》的复述练习。这篇神话故事家喻户晓，最初就是众口相传，一传十、十传百，并且不断加工而成的。现在我们也来做一个传播者，练习复述课文，将这个故事讲给更多的人听。复述课文也要讲究方法，你认为有哪些方法？

---

① 黄元虎．复述课文要注重方法的引导［J］．江西教育，2011，（26）：28—29．本文略有改动。

生：这篇课文内容很长，可以先理清故事描写的顺序，归纳出每个部分写了什么。

师：好主意！这个同学告诉我们要理清故事的线索，这样就能把长课文读短。

（师生共同讨论，归纳出每个自然段的意思：十个太阳害人→后羿射九留一→多人拜师习武→嫦娥藏起仙药→嫦娥智斗逢蒙→嫦娥奔向月亮→后羿追赶嫦娥→人们企盼团圆）

师：一篇将近800字的课文，经过大家这么归纳，只有48个字，有利于我们记住故事内容。这真是一个好方法！还有其他方法吗？

生：我认为复述课文要将课文读熟，记住故事的主要内容。

师：有道理！熟读课文是复述课文的基础，现在大家用这种方法练习复述课文中“后羿射日”这个小故事。

（生自由练习，再指名复述。一生复述）

师：你认为她复述得怎样？试着评一评。

生：她的声音很响亮，我们听得很清楚。

生：她很大方，一点也不紧张。

师：评得好！复述课文时神态要自然，声音响亮，举止得体。

生：她的声音有高有低，讲到后羿“运足气力，拉满神弓”时，还配上了动作。

师：这样更能引人入胜，真是抑扬顿挫，绘声绘色！

生：我觉得可以加入一些想象，比如十个太阳给老百姓带来的苦难，可以具体说一说。

师：好建议！这样更能表现出后羿的伟大。复述课文时加入想象，是一种创造性复述。课文中，嫦娥为了不让仙药落入逢蒙之手，是怎样巧妙地和逢蒙周旋的呢？我们可以想象当时的情景进行复述。

（略有删改，编者注）

复述故事的过程，既是加深感知故事形象的过程，也是发展学生语言的过程。而神话故事则使学生在充满夸张想象的神奇故事中，充满了学习的激情和兴趣，使这一学习过程变得简单而极具趣味。

一、创设神奇情境，激发学习兴趣

要想将一些枯燥的学习内容变得充满有趣，可以运用神话的神奇特性来激发学习的好奇心与想象力。在改编神话教学故事的时候，我们要注意语言既要充满诗性，又不能太过晦涩难懂，否则就会造成文字障碍，影响阅读的趣味。在仿写时一定要借用神话故事的重要元素，如情节生动、离奇，年代久远、陌生感强，这些都会激发学生的阅读期待。当学生沉浸在神话故事的情境中，体验到神话故事那绚丽多彩的景象时，所植入的学科知识也就在这样的故事情境中被吸收、理解甚至能够掌握运用了。

二、根据教学内容，找准植入契合点

生硬、简单的植入，往往会使教学故事显得“四不像”，这样的故事一来难以激发学生的阅读兴趣，起不到提高教学效率的作用；二来教学内容与神话故事不能很好地融合，有可能会使神话故事成为学生学习的另一种负担。教师在编写神话教学故事的时候，往往会有这样的困惑，为什么我编写出来的教学故事要么是情节简单、人物形象扁平，读之乏味；要么是神话故事固然精彩，但教学内容无法植入到其中。这就需要教师深入分析教学内容的特征，找到教学内容的关键契合点，选择与之能够达成良好契合的神话故事来进行改编，否则，故事植入就会显得僵化呆板，无法达到预期的教学效果。

方式三：巧用神话，培育人文素养

神话是一个神奇的世界。可以说，每一个美妙的神话都是一次伟大的创造。对人类文明影响深远的神话，是一扇直接通向古代文明的后窗。作为独特的文化艺术形式，神话一经产生之后，其深邃的哲学内涵、健康有益的思想内容和奇特瑰丽的想象力，就给人们以智慧的启迪、知识的哺育和审美的享受。教师不能仅仅为了完成教学任务而引用神话，还应以此为契机，引领学生进入更多的神话故事中，去领略博大精深的传统文化，接受英雄人物崇高品格的熏陶，从而培育他们良好的人文素养。

网络综合运用之美丽的神话①

在我们指导学生进行阅读方法练习时，神话故事也是极好的载体，它能很好地调动学生的参与性。其创作的艺术特征，也能满足学生培养阅读能力的需求，使学生的阅读素养获得提升。由于神话故事种类繁多，风格多样，更是能满足不同学习水平和不同个性的学生进行自主阅读，这尤其适合指导学生进行网络阅读。下面是一位教师指导学生利用网络进行神话故事阅读的授课过程：

步骤一：初步感受，领略神话魅力

1. 展示学习专题网站，播放《美丽的神话》音乐，教师诗朗诵《七月神话》。

2. 谈话：聆听这熟悉的音乐，优美动人的诗歌，此时此刻的你是不是感受到一幅优美的画卷在你脑海中呈现呢？这就是老师非常喜欢的浪漫爱情神话故事《天仙配》。

步骤二：展示学习提示一，查阅资料

1. 提问：我想同学们也一定听过或者看过很多神话故事，那么你能告诉大家你知道哪些神话故事？（指名回答）

2. 讲述：借助因特网，我们可以很快找到你知道的“神话”具体内容。会做吗？哪个同学帮帮老师找找牛郎织女的故事。指名说说搜索的方法。

3. 提出学习提示一并查阅资料。

---

① 刘冬．网络综合运用之美丽的神话［EB/OL］．［2011－02－25］：百度文库，http://wenku.baidu.com/view/18eaa62ced630b1c59eeb506.html.本文有略有改动。

学习提示一：找一找自己听过的神话故事，并能仔细阅读。（板书：细读）根据学生回答分组查阅相关神话故事并指导学生查阅。

4. 交流：说一说你查找到的神话故事。

5. 谈话：那么动人的神话故事，你想不想把它保存下来？我们以前学过将文字、图片下载下来的方法了。哪个同学来帮老师把神话故事保存下来。（指名演示）学生保存喜欢的神话文本以及相关图片。

步骤三：展示学习提示二，了解神话

1. 过渡：刚才同学们交流并保存了你喜欢的神话故事。你了解什么是神话吗？

2. 提出学习提示二：浏览专题网站中的“神话知识”板块里的内容，感受中国灿烂的文化。（板书：浏览）

3. 交流：交流区里交流与口头交流相结合。

4. 师小结：神话故事是讲神仙或神化的古代英雄的故事。在古代，人们由于受生产力的限制，不能科学地解释大自然中的各种现象，于是就凭自己的主观想象，用拟人手法，编造了许多神话故事，以此来反映对大自然现象的天真解释，表达对美好生活的向往。有的神话内容是可靠的，有的内容是想象的，并非历史。但历史学家考证，人类远古时代的历史，主要靠神话故事、传说代代流传下来。

步骤四：展示学习提示三，拓展知识

师：在我们的专题网站中还有很多很多美丽的神话故事，同学们来看看。提出学习提示三：品读专题网站中的“神话故事”板块里的一个故事。要求把故事的名字、主人公、故事情节记在心里，然后把自己的感想在交流区里发表出来。（板书：品读）

学生阅读完之后交流感想，谈谈自己从神话故事里所受到的启迪和学到的为人处世之道。

（略有删改，编者注）

增加阅读量，是提升学生人文素养的重要方式。不少实验成果显示，拓展阅读对增加学生的文化积淀，拓宽视野，培育创造力，形成语文综合素养都有着十分重要的意义。神话故事是学生阅读的摇篮，可以激发学生读书的兴趣。因此，教师可利用引导学生阅读神话故事，激发阅读兴趣，拓展阅读空间。

一、设计母题，推荐阅读

学生在写作时，往往因为不知道写什么而难以下笔。这是因为他们缺乏对写作主题、写作母题的积累和理解而导致无法将自己的经验归纳。要改变这种情况，我们可以让学生设计一个阅读母题，来提升其对主题的凝练能力和对生活的概括能力。而神话故事不但内容精彩，深受学生们喜爱，而且包括众多的母题，比如创世母题、始祖母题、洪水母题、战争母题等，这都可以推荐给学生阅读。罗曼·罗兰说："要播撒阳光到别人心中，总得自己心中有阳光。"教师不仅要熟知所推荐的神话故事，更要加深自己对它们的理解，这样在推荐给学生阅读时才能游刃有余——故事性强的作品，讲一个有趣的情节；语言优美的作品，朗读一段；知识丰富的作品，讲一些前所未闻的知识；篇幅较长的作品，可以简介全书内容，也可运用现代化媒体播放一段精彩场面的人物道白或叙述，或播映改编的电视剧或电影中的一个场面，引起学生的阅读兴趣。

二、读后交流，加深体会

交流阅读体会是教师指导课外阅读的重要环节，也是兵教兵、兵学兵的重要环节。教师可组织学生交流课外阅读的收获或体会；也可组织学生对所读神话故事的内容进行专题讨论或综合讨论。这样的交流满足了学生在自主阅读中交际性情感的需求，为学生提供了表达自己读书收获的机会，形成"阅读情感场"，使那些本没兴趣参与课外阅读的学生受到这个"场"的影响，产生思想共振。让学生定期汇报阶段性的课外阅读成果也是交流的一种形式，它充分调动了学生阅读的积极性。可通过生动形象的固定园地，让学生展示成果，如“阅读开心辞典”、读书笔记展览、美文点评等。

第三节　神话故事教学的经典课例

一、经典课例

时、分、秒

步骤一：故事导入

师：今天上课之前，老师给大家讲个故事好不好?

生：好!

师：这是根据《白娘子与许仙》改编的神话故事：

一天晚上，白娘子推着许仙：“相公，快快起来，你从二更睡到三更，已经睡了一个时辰了。”

许仙还不想起来：“娘子，我不是说等我睡了两个小时再来叫我吗?”

白娘子又竖起她的兰花指，唱道：“相公啊，你怎么去21世纪住了几天就忘了一个时辰就是两个小时啊?”

许仙恍然大悟地坐了起来，喃喃自语道：“在汉朝之前，‘时’指季节，因为一年有四个季节，所以古人常说一年有‘四时’。自汉朝之后，‘时’不再表示季节，而是用来表示计算时间的单位。当时的人们把一天平均分成12个‘时’，还习惯把这个‘时’称为‘时辰’。后来，人们又把一天平均分成24份，每份仍用‘时’来表示，这时的‘一时’就是现的一个小时。”

“爹，你带回来的这个钟真好玩儿!”儿子许仕林出来打断了许仙的话，“就是这根秒钟太累了。您看，秒针跑60格，分针才走1格；最懒的就是时针了，分针也得走60格，时针才动一下的!”

白娘子笑着对许仙点点头说：“我们的儿子真是越来越聪明了，连这个也发现了。是啊！人们把一小时平均分成60份，每份的时间叫‘1分’；同时，‘1分’也被平均分成60份，每份的时间叫‘1秒’。”

师：同学们，这个故事好听吗？你们能从这个故事中学到什么样的数学知识呢？

生：关于时间的数学知识。

师：同学们真聪明，有同学可以复述一下这个故事吗？

（多位学生轮流复述）

师：老师还编了个歌谣来总结这个故事呢，请同学们跟着老师一起唱：“时分秒，真奇妙。秒跳60一分到。分走60一时到。24时闹钟叫。一天就这样过去了。”

（学生跟着教师唱）

步骤二：结合生活

师：同学们，现在是上午第一节课上课时间了，谁知道现在大约有几点了？

生：现在大约有8点了。

师：看样子，时间和我们联系非常密切，为了更好的安排我们的生活，今天我们就来学习：时 、分、秒。

步骤三：讲授新课

1. 看图说话。

师：今天除了有这么多老师和我们一起上课，还来了一位我们的朋友，让我们一起把他请出来好吗？

生：好。

师：（出示亮亮相片）他是谁呀？

生：他是亮亮。

师：也许你们还不知道吧！前几天，亮亮特意给我来了一封信，在信中他告诉我，他想和我们班的同学成为更好的朋友。为了让我们更好地了解他，他还将他一天中的几个小片段寄给了我们，你们想不想听一听？

生：想。

（教师读信）

师：听到了什么？

（生述说，并且互相补充）

师：同学们说得可真棒，在我们数学书中也有亮亮，打开书第 86 页。谁能把这几个小片段联系起来，向大家介绍一下亮亮一天的生活情况？小组讨论一下。

（生讨论）

师：谁来当小介绍员，向大家介绍亮亮一天的生活情况？

（生述介绍，并且互相补充）

2. 观察钟面。

师：亮亮真是个按时作息的好孩子，为了更好地按作息时间安排自己的生活，亮亮特意让爸爸妈妈给他买了一个小闹钟呢，他对钟表的知识了解得可多了。现在在我们的手中也都有一个小闹钟，你在钟面上都看到了什么？同桌说一说？

生：钟面上有时针、分针、秒钟。

生：钟面上有 12 个数字。

师：钟面上除了有这些，你还看到了什么？

生：钟面上还有 12 个大格，每个大格间有 5 个小格。（演示）

师：哪儿是一大格？

生：12 到 1 间一大格。

师：小格在哪儿？

（生答）

师：你除了知道这些，还知道什么？（电脑演示）

生：时针走一大格的时间是1时，分针走一小格的时间是1分。

师：在日常生活中，人们习惯把1时叫做1小时，1分叫做1分钟。

3. 体会1时。

师：在日常生活中，处处都离不开时间。根据生活经验，你干什么事情的时间大约是1小时？

生：一节课加一个大课间正好是1小时。

生：我爸爸说坐车去姥姥家要1小时。

师：老师还知道中央电视台新闻联播的时间是半小时，半场足球赛加上中间休息时间大约是1小时，午睡时间大约是1小时……大家还知道什么？

（生说，略）

4. 体会一分钟。

师：刚才我们知道了1小时能做许多事情，现在大家想想，1分钟有多长，1分钟我们能做哪些事情呢？让我们一起通过几个小试验体会一下：

第一，现在我们闭着眼睛数数；第二，1分钟做口算你能做多少道呢？

（学生按教师的要求做试验）

师：通过刚才我们的小试验，相信我们已经更多地了解了1分钟。大家现在想到了什么？

生：1分钟时间很短。

生：1分钟能做许多事情。

生：我知道了我们应该珍惜时间。

步骤四：总结学习

师：今天这节课我们大家都愉快，谁能说一说你有什么收获？

（学生总结，略）

二、 实施策略

教师紧扣神话故事的文本特点，用动人曲折的故事来调动引导学生参与学习的积极性。数学课《时、分、秒》与神话故事《白娘子与许仙》相融合，用学生感兴趣的神话人物激发起他们的学习兴趣，同时让学生了解了古时候关于时间的表述方式及文化，既能调动学生的学习积极性，帮助学生理解学习内容，又能拓展学生的视野。除此，还可以引导学生在课后对《白娘子与许仙》的原故事进行深入的阅读，让他们充分地感受神话独特的魅力，最后从神话故事中领悟要义，给予思想品德教育。

（一）引入神话，激趣导学

神话故事具有情节生动曲折、语言绚丽精美、人物神勇等艺术特征，这些艺术特征，能够给予学生强烈的审美感受，让学生从中获得愉悦的阅读快感，因此能够极大调动学生的学习积极性。教师结合教学内容，将一个神话改编成一个新的故事，就能很好地调动学生的学习兴趣，用好奇、愉快的心情投入到一个神话般的数学课堂中去。

（二）巧用神话，化抽象为具体

时、分、秒是一个抽象的概念，对于初接触时间概念的学生来说，很难感性、直观地理解这一概念。而改编的《白娘子与许仙》则通过具体的细节，道出了如何判断时间的长短、时间的意义和时间的使用等。当学生从神话故事中对学生获得了较为感性的认知后，再引导他们结合生活的具体事例，这样学生就能更为直观地理解时间的概念了。因此，教师要学会巧用神故事来帮助自己将教学内容中抽象的、难以理解的概念变得直观、具体，帮助学生循序渐进地学习新知识。

（三）回归课程，掌握运用新知

神话故事只是激发学生学习兴趣、帮助学生理解新知的一个情景，当学生对新知具有一定的理解或感悟后，教师就要回到课程现实中来，规范、系统地讲解学习内容。在这里，教师结合生活，让学生在现实生活的事例中，理解时、分、秒的内涵和使用方式，从而进一步加深了学生对学习内容的理解程度。

三、 实战方法

（一）收集素材，故事新编

神话故事教学是利用传统的神话故事为原型，根据故事中人物的特点，结合教学内容，创造地、合理地进行故事新编，从而达到良好教学效果的教学方法。和普通的文学创作一样，故事新编也需要一定的灵感积累，才能创造出既具备神话的艺术元素和审美趣味，又能较好地承载教学内容的精彩故事。因此，教师要在日常中注意收集故事素材，并多作思考，找准神话故事与教学内容的良好契合点，从而编写出学生爱看又能帮助教学的好故事。除此，教师在选择故事素材时，要注意学生的心理特征和认知水平，根据不同学龄的学生选择不同类型的故事。对于低学龄段的学生，要选择侧重于趣味性的故事；对于高学龄段的学生，选择时则要侧重于真实性、典型性的故事。为了让故事更好地承载教学内容，还要紧密联系课程计划、教学目标等来选择故事，切忌滥用故事，一味追求故事化课堂，为了课堂气氛的活跃而忽视了教学内容，这样就与提升教学效率和教学质量的目标相背离了。

（二）用好神话故事，提高教学效率

神话故事教学是一种很实用的教学方法，它通过编写一个承载了教学内容的神话故事，在课堂让学生听故事或表演故事来完成教学，具有较强的趣味性、参与性和合作性。教师还能通过神话故事设置相关情景，帮助学生理解一些抽象、陌生的概念或事物，或将一些枯燥乏味的教学内容变得生动有趣，从而提高教学效率。为此，神话故事常常被用来作为课堂导入来激发学

生学习兴趣，或用于将抽象概念变得具体生动。

（三）拓展阅读，培育人文素养

神话故事具有极高的艺术品质，而且蕴含着大量的隐性知识，学生经常阅读神话故事，不但能提升审美情趣和文化素养，还能从故事中英雄人物身上学习到良好的品质和为人处理的方式。神话故事多数由古代流传至今，因此具有极其丰富的文化内涵，能让学习者在整个学习过程中处于母语文化的氛围之中，并由此领悟价值取向、生活方式、处世哲学、思维方式、社会规范等方面内容。因此，教师不仅要在课堂上使用神话故事完成教学任务，还要引导学生在课后多读神话故事。

第四节　神话故事教学的应变方法

神话故事由于其神奇性、趣味性等特点，因而对学生具有较大的吸引力。学生喜欢阅读神话故事，对教师的教学自然起到积极的促进作用。但是，在解读和剖析神话故事上，因为学生的知识积累较少和生活阅历尚浅，所以他们往往未能深入地领悟神话故事的要义，并且容易偏离正确的价值取向，从而影响教学效果。此时，教师就要针对学生的具体表现，积极应变，调整教学策略，让教学体现实效性。

一、引导学生多元评价神话人物

在我们的传统观念和思维中，神话故事中的人物形象都是非好即坏的，正面人物往往是集优点之大全者，反面人物则沦为人们彻底唾弃的对象。这种二元对立的认识论，导致了读者解读神话故事的简单化。在神话式故事教学中，很多教师也不自觉地陷入了这样的认识泥潭，导致评价人物的简单化，课堂因此平淡无奇，失去了应有的精彩。然而，按照历史唯物主义的观点，教师应该用发展的眼光来看待神话故事中的人物形象，结合现实生活鼓励学生对神话人物作多元评价，表达自己对神话人物的“另类”想法。不过，对于学生的多元评价，教师应该积极引导，避免学生偏离正确的价值取向。

王母娘娘的情与理[①]

生：我觉得王母娘娘是一个六亲不认的老太婆，她不顾骨肉之情，心狠手辣。这从第 8 自然段及第 9 自然段的前两句话中可以感受到。（读相关语句）

生：老师，一开始我也是这么认为的，但后来我产生了另外的想法，我从刚才那位同学读的这几句话中感觉到王母娘娘好像是一位秉公执法、大义灭亲的天庭包公，她为了维护天规，对自己的外孙女也不网开一面。

师：哦！大家对此有不同的看法吗？

生：我觉得王母娘娘有秉公执法的一面，但也显露出没有人性的一面，因为违犯天规的是织女，这与两个孩子无关啊，那可是她的外孙啊，她却把两个孩子狠狠一推，把两个孩子跌倒在地，这说明王母娘娘对他们非常冷酷。《聂将军与日本小姑娘》一文中，聂将军还能对日本侵略者的孩子给予慈父般的关爱，可王母娘娘却对自己的外孙这般无情，不可思议。

师：（笑着）你能想到这些真难得，我想问问大家，织女下嫁人间的目的是什么？王母娘娘认为她违犯了天规，织女触犯的又是什么样的天规呢？

生：织女下嫁人间是为了追求那种男耕女织的最普通的百姓生活。

生：我觉得织女是一位追求婚姻自由、追求幸福的人。正是由于她的到来才改变了牛郎的苦难命运，成就了一个美满的家庭。

生：我觉得，王母娘娘认为织女下嫁给牛郎有损天庭尊严。

师：能把你的想法说得再具体点吗？

生：你看牛郎的身世在人间也算得上最穷苦的了，更别说什么地位了，

---

① 张娟. 个性化解读不能脱离教学价值的底线［J］. 现代教育科学·小学教师，2012，(6)：34—35.

而织女是王母娘娘的外孙女，可谓身份高贵，他们的结合在王母娘娘的眼里也太门不当户不对了，有损天庭的门面，特别是损害了王母娘娘的尊严和家风。

师：有道理。如果说王母娘娘维护的是这样的天规，那么你还认为她是一位秉公执法的包公吗？（生若有所悟）

王母娘娘在人们的心目中一直都是个反面人物，但是，在这里，学生给予了她“另类”的评价，这是令人始料不及的。这个评价乍一听，似乎还真有一定道理，相信也有一部分学生被迷惑。但教师以其敏锐的判断，马上意识到这是一个很好的教学资源。出现这种认识问题，主要是该生断章取义，没有联系上下文来思考。针对这一问题，教师马上组织学生讨论交流，并在交流中适时引导，逐步纠正部分学生的错误认识。如果没有这位同学的另类评价，可能就不会有如此深入的探讨，课堂也就缺少别样精彩。

面对来自学生的众多声音，教师要能听出“杂音”，分辨出对错，也要发现“高音”，分清认识水平的高低，还要能欣赏“奇音”，觉察出见解的独特与新颖。尤为重要的是，在倾听的基础上，教师善于捕捉个性化解读中出现的有价值的争鸣问题，及时组织学生展开充分的讨论，让学生在思维的碰撞中达到提升。

二、 引导学生多角度审视故事情节

神话故事的情节一般都很生动有趣，且通俗易懂。不少教师往往按照故事的表面情节进行简单解读，学生似乎都能理解。但是，这样的教学虽多了一分“情趣”，却少了一分“理趣”；多了一分肤浅，却少了一分深刻。神话故事教学需要教师引导学生换几个角度来审视故事情节，并不是简单地给神话故事下个结论。唯有这样，学生思考问题才会从肤浅走向深刻，思想也才会从幼稚走向成熟，更为重要的是帮助学生建构正确的价值观。

三、引导学生合理质疑神话内容

神话故事一般寄寓着劳动人民的美好愿望，独特的表现手法给学生的解读提供了更多的奇思妙想，学生对神话故事中的人物或事理充满了好奇和探究的欲望。在神话故事教学中，如果教师忽视了学生的好奇心，不尊重学生的独特体验，不让学生有质疑的机会，那实在是一个不小的遗憾。然而，对于学生的突发质疑，教师需要机智应对，巧妙引导，化解学生心中奇怪的疑问，以免教学趋于平淡，或者陷入尴尬。当然，作为教师，为了能够从容自如地应对学生的意外问题，有必要在教学之前多获取一些关于神话故事的信息，充分了解神话故事的思想内容，做到胸有成竹。

高中历史课上，教师让学生阅读有关古希腊和中国古代神话的两段描述，然后提问："从这两段描述中，可以发现古希腊和古代中国神话有什么不同？"

学生甲回答："希腊神话有比较完整的系统，而中国神话比较零散。"

教师点评道："这位同学的回答很不完整，哪位同学来补充一下？"

这时，甲同学羞得满脸通红，而班里则是一片宁静。[①]

教室里为什么会出现"一片宁静"？其原因是教师的点评不仅伤害了甲同学的自尊心，而且也对其他同学产生了消极性的暗示，挫伤了他们踊跃回答问题的积极性。在教学中，由于学生在生活经验、知识储备、感悟能力、思维方式等方面存在着差异，所以他们在对于同一文本的解读过程中必然会出现丰富多彩的答案。当课堂上出现突发问题时，教师应该根据教学的需要适时地调控教学，有价值的问题可组织学生深入讨论，没有价值的问题则一句带过。但是，当学生出现认识性错误时，教师不应该消极回避，而应该积极引导学生纠正认识的偏差。这样，神话故事教学才彰显出应有的魅力。

---

① 佚名. 新课改应关注课堂教学细节［EB/OL］. ［2011－08－31］：豆丁网，http://www.docin.com/p－251483267.html.

参考文献

1. 吴靖国，魏韶洁. 从听故事的心理反应谈故事教学之原则［J］. 教育科学期刊 2007，(1)：5.

2. 陈如丽. 浅谈“故事教学法”［J］. 中小学英语教学与研究，2004，(7)：41－44.

3. 洪晓箐. 说故事研究［D］. 台东：“国立”台东师范学院儿童文学研究所. 2001：95.

4. 黄得南. 在思想品德教学中妙用故事［J］. 中学教学参考（下旬），2012，(8)：48.

5. 刘冬明. 故事教学法在化学教学中的运用［J］. 学生之友，2012，(3)：34.

6. 卢春建. 选择怎样的故事来开展历史教学［J］. 中学教学参考，2009，(12)：36.

7. 张莉. 故事教学模式探究［D］. 重庆：西南大学 2011 年硕士学位论文.

8. 简素秋. 故事教材进行环境议题教学之研究——以“自然生态保育”为例［D］. 台北：“国立”台北示范学院社会科教育系，2005：8.

9. 洪银杏. “教师即研究者”之行动研究：故事教学在低年级教室之实

施 [D]. 嘉义：“国立”嘉义大学国民教育研究所，2001：4.

10. 窦桂梅. 林冲棒打洪教头（第一课时）[EB/OL]. [2014－12－12]：读写苑，http://www.jxteacher.com/yxljb/column6644/77b3faec-c8da-42a7-b8a6-132fb5134993.html.

11. 张云华. 打开故事大门，营造有效课堂 [J]. 小学教学研究，2013，(20)：12.

12. 曾琳. 用小故事激活语文课堂 [J]. 语文教学与研究（教师版），2004，(12)：21.

13. 任洪祥. 故事在小学数学教学中的应用 [J]. 学周刊（b 版），2014，(2)：74.

14. 陈云清. 关于小学低年级数学教学的思考 [J]. 小学科学（教师），2014，(2)：72.

15. 唐光超. 把童话教成童话：小学童话教学的误区和策略 [J]. 科技信息，2012，(1)：63－66.

16. 王俊英. 走出英语故事教学的误区 [J]. 科技信息，2009，(2)：142.

17. 施萍. 运用故事教学，提高小学英语课堂有效性的研究 [EB/OL]. [2014－12－12]：百度文库，http://wenku.baidu.com/view/913fe068561252d380eb6edd.html.

18. 欧月贞. 故事教学法在小学英语教学中的应用 [EB/OL]. [2014－12－12]：漳州教育信息网，http://www.fjzzjy.gov.cn/newsInfo.aspx?pkId=124884.

19. 任素珍. 剑桥幼儿英语师资培训教程 [M]. 西安：西安交通大学出版社，2009：145－146.

20. 时春玲. 巧用故事 活化课堂——小学语文课堂教学方法探究 [J]. 小学教学参考，2013，(12)：20.

21. 周作人. 儿童文学小论［M］. 石家庄：河北教育出版社，2002：4—5.

22. 陈如丽. 浅谈“故事教学法”［J］. 中小学英语教学与研究，2004，(7)：41—44.

23. 陶宏莉. 运用童话故事辅助英语课堂教学的策略研究［J］. 教学月刊(小学版)，2011，(7)：11—13.

24. 王建凤. 运用“四步故事教学法”培养小学生英语语感［J］. 基础教育研究，2006 (8)：35—37.

25. 余素珍. 小学英语的故事教学［J］. 黑龙江教育：小学文选版，2005 (1)：63—65.

26. 臧成绩. 低龄童数学童话故事教学策略及误区［J］. 中小学数学：小学版，2012 (12)：61—63.

27. 郑金洲. 课改新课型［M］. 北京：教育科学出版社，2006：153.

28. 陈金梅. 有效地演 扎实地学——以《会走路的树》为例［J］. 小学教学参考，2012，(16)：66.

29. 殷丽芳. 引入童话故事让英语课堂魔力无穷［J］. 成才之路，2013，(9)：66.

30. 林若男.《项羽之死》教学案例［EB/OL］.［2014—10—12］：中学语文教学资源网，http://www.ruiwen.com/.

31. 吴国建. 名人与数学小故事在数学教学中的运用［J］. 中学教研：数学，2009，(12)：41.

32. 诸葛彪，董克发. 自主教学操作全手册［M］. 南京：江苏教育出版社，2010：210.

33. 黄先德. 如何运用历史人物进行思想品德课教学［J］. 江西教育，1984，(1)：16—18.

34. 孙建龙. 语文教学案例［M］. 北京：教育科学出版社，2008：204

—208.

35. 秦赟，闫淼，柳敬拓，张晓峰，吴志樵. 数学教学的趣味故事设计［M］. 合肥：安徽人民出版社，2012：3—4.

36. 程金芳. 浅谈故事在小学数学教学中的运用［J］. 课外语文，2012，(10)：111.

37. 徐斌. 走进徐斌：为学生的数学学习服务［M］. 福州：福建教育出版社，2006：4—5.

38. 高峰华. 高中思想政治课堂教学中故事教学法的行动研究［D］. 延吉：延边大学2011年硕士学位论文.

39. 朱瑾. 与生活紧密连接，实施数学课堂有效教学［J］. 新课程学习(中)，2012，(12)：46.

40. 郭娜. 如何将语文教学与生活紧密相连［J］. 新课程学习（基础教育)，2010，(6)：165.

41. 陈玲，刘禹. 跨越式实现高效课堂［M］. 南京：江苏教育出版社，2011：170—171.

42. 缪华良. 陈茗. 直面语言 把握特点——例谈神话故事的教学［J］. 小学语文，2009，(7)：56.

43. 洪俊. 神话故事教学初探［EB/OL］. ［2014—12—12］：中华文本库，http://www.chinadmd.com/file/rxwarcipwsitp3au6irt66ta_3.html.

44. 卢谦. 谈神话类文本的价值取向［J］. 小学教学设计，2011，(25)：35—36.

45. 张娟. 个性化解读不能脱离教学价值的底线［J］. 现代教育科学·小学教师，2012，(6)：34—35.

46. 张祖庆，周慧红. 试论小学语文教材中神话的价值取向与教学策略［J］. 语文教学通讯·小学刊，2008，(3)：12—14.

47. 陆萍. 神话·儿童·诗——对神话类课文教学的思考［J］. 江苏教

育，2007，(12)：13－15.

48. 杨清. 小学阶段的神话故事教学 [J]. 吉林教育，2011，(32)：72.

49. 黄元虎. 复述课文：语文教学的应有方式——《嫦娥奔月》教学片段及反思 [J]. 小学教学（语文版），2011，(10)：28－29.

50. 何捷，赵景瑞. 让神话故事流传千古——《普罗米修斯》教学实录及评析 [J]. 小学教学（语文版），2013，(1)：24－26.

51. 毕小伟. 邹丽丽. 超越一般意义的神话教学——对神话故事的多元解读 [J]. 江苏教育，2006，(7)：17－18.

52. 陈传敏. 对课堂质疑的"质疑"[J]. 语文教学通讯·小学刊，2008，(7)：52－53.

53. 裴明杰，孙俊英. 浅议幼儿园故事教学 [EB/OL]. [2014－12－12]：新浪博客，http://blog.sina.com.cn/s/blog_4dabef1201013upz.html.

54. 姚斌. 利用多媒体开展幼儿园大班社会性活动——《小鸟和长颈鹿的故事》教学案例 [J]. 教育技术导刊，2005，(2－3)：47－48.

55. 石悦. 小学英语"三精"故事教学模式研究 [D]. 宁波：宁波大学2013年硕士学位论文.

56. 郁峻峰. 漫谈幼儿文学教学中的故事改编 [J]. 苏州教育学院学报(社会科学版)，1997，(12)：129－131.

57. 梁丽. 用故事演绎数学教学的精彩 [EB/OL]. [2014－12－12]：威海市教育局网站，http://www.whedu21.com/jiaoyujiaoxueyanjiu/ShowArticle.asp? ArticleID=19933.

后记　故事的力量

经过无数个日夜的努力，《故事教学的规则与方式》终于呈现在我们的面前。或许，没有多少人知道，它凝聚着我们多少的精力和心血，但是我们知道，它是我们这一年多以来努力的见证，同时也是故事教学力量的最好见证。希望我们艰苦的探索前行，能够彰显这探索的价值与前行的意义，并有益于广大教育工作者。同时，我们希望本书能够对基础教育的教学改革产生一定的促进作用。

基于故事教学的有效性，本书以全面的视野对故事教学进行了多方位的探讨以及研究，并在前人的基础上总结了一些常用的故事教学的规则与方式，以使广大教师能够在教学实践中获得启发，取得教学效果。全书共计九章，主要内容有故事教学的基本面貌、故事教学的主要元素、故事教学的实施、童话故事教学、英雄故事教学，推理故事教学、生活故事教学、科幻故事教学、寓言故事教学、神话故事教学。本书不仅对各种故事教学的使用规则与运用方式进行了理论的探讨，还甄选与分析了名师运用相应方式进行教学的经典案例，并提出了运用这种教学方法的实施规则与方式。同时，针对教学实践中容易出现的问题提出相应的应变方法，以期取得更好的教学效果。

本书紧跟新课改的步伐，对故事教学的理论与实践进行了系统的审视、论述和分析，内容系统丰富、语言通俗易懂、方法科学实用、可操作性强，有助于一线教师对故事教学的规则与方式有一个全面的了解，并能在本书的启发下进行有效的实践。这是一本能够促进教师专业成长的“枕边书”，主要特色有以下三个方面：

一是示范性。本书引用了大量教学名师的优秀教学案例，涉及语文、英语、数学、历史等，并在案例的选择方面充分考虑到故事本身的特征，灵活将故事的趣味性、生动性以及知识性等体现在不同的案例中，以将故事的教学优势与科目的教学特征有效联系起来，并在案例中对实施策略加以说明，方便教师在教学过程中能够获取更加直接的操作思路。

二是应用性。本书通过分析故事教学的现状以及实践情况，基于实践层面，从理论的高度来阐述各个类型故事教学的使用规则与方式，最后结合具体案例分析运用方法，具有较强的应用性。

三是可操作性。本书力图通过经典的案例呈现、简洁的语言阐述，还有可操作性的步骤，希望能够深入浅出地对故事教学如何实施与操作这一问题进行分析与阐述，强调切实、可行，具有较强的可操作性。本书还对故事教学中容易出现的问题提出了积极有效的应对方法，让教师使用故事教学时更加得心应手，获得课堂实效。

编写本书，可谓一波三折，很庆幸，我们得到很多同行、教师及家人的鼓励与帮助，关心与支持，克服了很多困难，最终顺利完成本书的撰写工作。同时，衷心地感谢福建教育出版社的精心策划和编辑。由于作者水平有限，本书难免存在许多值得商讨的问题与不足之处，如一些案例不够翔实，或引用作者成果标注出现错误，或其他不妥之处等，如有发现，敬请广大热心读者通过电子邮件致信（277492265@qq. com）王林发，以便再版时加以更正。我们对此表示真诚的感谢！

在撰写过程中，我们查阅了大量的相关资料，吸收了许多优秀的研究成果，在此对相关人士表示诚挚的感谢！同时，我们衷心希望本书能够给广大教育工作者带来一些有益启示。

著者

二〇一五年十一月五日